政府审计介入与国有上市企业若干问题研究

王如燕 编著

格致出版社 上海人民出版社

前　言

　　政府审计是国家开展审计监督治理的有效手段之一,是积极推动并保证中国经济社会能够得到持续稳定健康发展的"免疫系统"。政府审计功能不断延伸,将对国家宏观层面和微观层面治理功能作用的发挥起到积极作用,使得政府审计功能的理论和实务更加受到重视和关注。

　　本书的理论意义在于进一步探索了政府审计与国有上市企业(公司)绩效、社会责任信息披露质量的作用机制,为在中国特殊制度背景下国有企业(公司)治理、社会责任信息披露质量的理论研究作出了一点积极的贡献。本书的实践意义在于以个别地区存在某些方面腐败现象为基础进行研究,剖析个别地区反腐败在"政府审计"与"国有企业(公司)绩效"两者之间发挥的积极中介作用,并采用实证分析的方式对此进行检验。旨在为促进国有上市企业(公司)社会责任水平有效提高,强化国有上市企业(公司)公共受托责任意识,促进国有企业(公司)持续稳定发展提供理论支撑。

　　本书采用理论基础分析协同实证研究相结合的方法,即先进行理论分析,再进行实证和案例研究。实证数据是所有国有 A 股上市企业(公司)2010—2018 年的收集汇总,同时剔除部分不可用数据,包括金融行业、ST 国有企业(公司)、缺失数据,对连续变量进行缩尾处理,最后根据 STATA 软件的回归分析结果，以此验证政府审计对国有上市企业（公司）的绩效和社会责任信息披露质量产生的影响。

本书内容有以下几个部分：第一部分为文献、理论及研究假设，主要包括文献回顾与文献评述、理论分析与研究假设；第二部分为研究设计，主要包括政府审计介入对国有上市企业（公司）绩效影响、政府审计对国有上市企业（公司）社会责任信息披露质量影响、国有上市企业（公司）社会责任对其整体财务管理绩效直接影响的研究设计；第三部分为实证分析，主要包括政府审计介入对国有上市企业（公司）绩效影响、政府审计对国有上市企业（公司）社会责任信息披露质量影响、国有上市企业（公司）社会责任对财务绩效影响的实证分析；第四部分为案例、结论及进一步讨论，主要包括国有上市企业（公司）社会责任对财务绩效影响探索性案例研究、政府审计介入对国有上市企业（公司）绩效影响、政府审计介入对国有上市企业（公司）社会责任信息披露质量影响的结论及启示，以及国有上市企业（公司）社会责任对财务绩效影响结果的总结与讨论。

本书的研究方法主要有文献分析方法、规范研究方法、实证研究方法和案例研究方法。本书研究的创新点是研究视角比较新颖、综合，研究内容较为全面，并且在中国情境中以国有上市 A 股 2010—2018 年数据为样本，研究政府审计对国有上市企业（公司）的绩效和社会责任信息披露质量产生的相关影响。

本书得到上海对外经贸大学会计学院学科建设预研究项目以及上海对外经贸大学会计学院研究生师生协同创新项目的资金支持。研究生肖伟、徐晨阳、陆嘉莹在本书资料收集、初稿撰写中提供了帮助。本书参考他人的部分文献和观点已在书后参考文献中列出，这里对参考文献作者表示深深的感谢。

目　录

第二部分　研究设计

第三部分　实证分析

1 绪 论

1.1 本书研究的时代背景

国有上市企业(公司)已是中国国民经济发展中的中流砥柱,国有上市企业(公司)持续健康发展对于维护中国国家主权独立完整不受侵犯、建立健全中国市场经济体制、使中国各区域经济平衡发展等方面都具有重要现实意义。

2006 年之前,由于中国没有对国有上市企业(公司)社会责任发布强制性的法律法规,大多数国有企业缺乏披露社会责任报告的自主性。为了改变此种情况,《深圳证券交易所上市公司社会责任指引》应运而生。该公告对深交所上市国有企业社会责任报告的自愿性披露起到一定引导作用。

2008 年,深圳证券交易所发布了《关于做好上市公司 2008 年年度报告工作的通知》,要求深证 100 指数成分股披露社会责任报告。同年,上海证券交易所发布《关于做好上市公司 2008 年年度报告工作的通知》,将上市国有企业(公司)治理板块、金融板块、海外板块全部纳入披露社会责任报告的范畴。举例来说,之前的社会责任信息披露基本是自愿性的,但如今的社会责任信息披露却部分转变为强制性的。社会责任信息披露是国有上市企业（公司）与社会各界报告自身履行社会责任情况的渠道之一，也是这些国有上市企业（公司）发布的具有重大价值的非财务信息。从 2008 年开始，审计署每年都会针对一部分国有上市企业（公司）开展财务收支审计，并且在审计署官网上对外公布审计结果。2011 年，社会责任作为非财务信息，其重要性越发受到社会关注，审计机构正在不断加强对资本市场监管力度。

2012 年，中央企业社会责任管理指导委员会成立。2015 年，《关于深化国有企业改革的指导意见》颁布，该文件对国有上市企业（公司）完善监督体系具有重大的指导作用，促进国有上市企业（公司）改革加快度过试点阶段。

2016 年，国资委出台《关于国有企业更好履行社会责任的指导意见》。随之而来的是中国国有上市企业（公司）对社会责任的看法发生了一系列改变，有部分国有上市企业（公司）虽然不在强制披露名单上，但仍自愿进行社会责任报告披露，例如，通过润灵环球公布的社会责任报告数据可以得知，在 2016 年度有超过 400 家的国有上市企业（公司）自愿披露其社会责任报告，其数量有史以来第一次超过了有关合规性披露的国有上市企业（公司）数量。社会责任信息披露的发展，除了得益于国有上市企业（公司）的自身反省和重视外，外部监督也至关重要。政府作为外部环境主体之一，在推进国有上市企业（公司）履行社会责任方面的作用至关重要，近年来，在社会主义市场经济背景下，政府审计等一系列工作对国有企业的治理效应，受到了相关学者高度关注与重视。无论是民间审计还是政府审计，都意识到国有上市企业（公司）社会责任等非财务信息对综合评估国有上市企业风险与国有上市企业价值的重要性，因此，在审计过程中，被审计国有上市企业（公司）的社会责任状况格外受到关注。

国务院在 2017 年发布了《关于深化国有企业和国有资本审计监督的若

干意见》，该文件强调要建立健全政府审计对于国有上市企业(公司)财政监督体系，并规范国有上市企业(公司)的运行制度。在这个社会大环境下，想要快速度过国有上市企业(公司)改革攻坚阶段，推动国有上市企业(公司)持续、稳定、健康发展，政府审计应恰当地运用其职能，对腐败现象进行有效治理并对国有上市企业(公司)发挥高效的审计监督作用；如何提高国有上市企业(公司)的绩效，从而推动其持续、健康地发展，是一个值得学术界关注和积极探索的重大课题。本书的研究将政府审计、地区腐败与国有企业(公司)绩效结合在一起，通过加大政府的审计力度，推动国有上市企业(公司)的绩效进行改进。

2018 年，中国证监会颁布的最新修订的《上市公司治理准则》中强调，对上市国有企业(公司)的治理要逐步深入加强，国有上市企业(公司)的标准体系要进行进一步规范，以促进其得到长远发展。通过排除对国家经济运行和社会发展的制约，政府审计可以有效地防范和化解各种风险。《中华人民共和国审计法》明确规定，政府审计的责任之一是对危害国家经济安全，妨碍国有上市企业(企业)健康发展的行为进行曝光，并对其加以整改。政府审计机关依照法律规定，对国家财政经济活动及过程进行监督；对国有上市企业(公司)的财政活动进行审计监督，既要保证国有上市企业(公司)的经济活动合法、合理、合规，又要提高国有上市企业(公司)的经济效益，这需要政府审计发挥自己的作用，明确自己的定位。政府审计以其强制性、权威性、专属性和广泛性等一系列特征作为行动基础，对国有上市公司(公司)的责任履行状况进行监督，从而提高其治理效率。

目前，学术界在研究政府审计时大部分是从宏观经济层面出发，把规范研究作为主要的研究方法，以往的实证研究主要集中在政府审计、地方政府治理、财政安全和腐败治理等方面，只有少数研究对政府审计和国有上市公司(公司)治理的互动进行了探讨。腐败及其带来的问题不仅会对国家经济安全造成危害,还会对企业,特别是国有上市企业的和谐稳定产生影响。自中共十八大召开以来,党和政府对党风廉政建设、反腐败的工作给予了高度重视和大力支持,反腐败已经进入"新常态",但国有上市企业效能问题是实务领域以及理论的难题。政府审计所具备的职能能够排除,预判风险并提前防范影响国民经济正常运行、社会正常发展过程中遇到的障碍。政府审计在国家反腐败工作方面有着不可替代的意义和影响,并且发挥了巨大的作用,众多学者从多个角度、多方位地探讨了这一问题。政府审计机构因其所承担的职责所具有的特殊性质,承担着治理腐败的任务,而对国有上市企业(公司)的财务收支进行监督,并对其进行监督,从而提高其经济效益,是其发挥作用并准确定位的必要手段。随着市场经济的不断发展和国企(公司)改革的深入推进,在此新形势下,政府审计的发展也应紧随国有上市企业(公司)改革的进程。

2019 年,全球化的发展趋势对国有上市企业(公司)的社会责任改革提出必然要求,这不仅促进国有上市企业(公司)与国际接轨,也有助于国有上市企业(公司)保证自身的核心竞争力。

2020 年至 2022 年,国有上市企业(公司)是中国经济发展的重要力量和坚实基础,其参与社会责任的程度与方式对中国发展具有深远意义。为此,中国政府、行业协会、科研机构、新闻媒体等多方通力合作,大力推进国有上市企业(公司)对社会责任的进一步认识和深化研究发展。

相较于西方发达国家,中国的国有上市企业(公司)社会责任理论和实践研究起步较晚,但短短几年内已进入飞速发展阶段。

首先,这得益于政府对相关制度的不断完善。党的十八届三中全会提出了要将国有上市企业(公司)承担社会责任上升到国家战略层面的观点;党的十八届四中全会对社会责任提出按照程序制定法律的要求,发布了三项具有国家标准的社会责任,并推动其实施发展。多种措施方法一起实施,为国有上市企业(公司)社会责任指明新方向、提供新思路和制定新标准。

其次,基于行业特点和现实情况,近期行业协会陆续制定了各协会社会责任行动指南和社会责任规范,响应社会责任倡议共同认知,规范行动框架。

再次,受社会监督推动,近年来社会大众拓宽了对社会责任的履行范畴,除公益慈善外,国有企业(公司)更应在生态环境、产品质量、协同社区等方面担负起应有责任。与此同时,更多国有上市企业(公司)关注并投身到协调企业与社会利益诉求工作中,国有上市企业(公司)定位不是仅局限于自身利益最大化,而是长远地关注社会效益,以履行社会责任反哺企业自身发展。目前,国有上市企业(公司)社会责任发挥着重大作用,具有深刻的意义,尤其在全面深化国有上市企业(公司)的改革、推动"一带一路"倡议落实到位等方面产生了不可替代的积极影响。同时,对"五位一体"协调共同发展作出了突出贡献。已有学者对国有上市企业(公司)在社会责任方面具有的先行者作用表示认同,但目前的学术研究尚且在"国有企业应政治要求与社会压力而变革"等观点上停滞不前,对国有上市企业(公司)的经济理性思考还缺乏更深入的认识。随着改革进程的不断发展,国有上市企业(公司)履行社会责任的内涵不断丰富,外延也得到了拓宽。如何参与社会责任实践,与国有上市企业(公司)改革目标、思路、方式等息息相关,这就要求国有上市企业(公司)在接轨国际新规、应对改革新要求等方面与时俱进。

综上所述,本书的研究以国有上市企业(公司)改革作为研究背景,研究国有上市企业(公司)社会责任与其财务绩效之间的关系,同时探究高管团队持股比例的变化对二者关系可能造成的影响,思考以下问题并尝试作出解答:参与国有上市企业(公司)社会责任倡议对国有上市企业(公司)是带来负担,还是有利于提高国有上市企业(公司)运作效率、提升竞争力?高管层对国有上市企业(公司)建立、完善现代公司制度过程中将会产生怎样影响？如何激励国有上市企业(公司)管理者将有价值的资源投入到提高社会责任的活动中,实现高质量财务绩效,更好地适应公司改制全面协调发展？在新形势下,上述研究对国有上市企业(公司)社会责任等非市场化战略具有重要价值,这将有助于其在变化的潮流中把握规律,在不断的挑战中识别机遇、抓住机遇。国有上市企业(公司)应加快转型进程,将社会责任融入战略与制度层面,加速实现国有上市企业(公司)制度现代化,激发高层将有效资源投入社会责任活动中的热情,助力国有资产不仅能够实现保值增值,而且兼顾到社会利益。随着中国经济持续高速发展,社会和国家对国有企业(公司)绩效、社会责任关注也日益提升,国有上市企业(公司)绩效、社会责任的影响程度较大,不但能够直接影响其未来发展,甚至能够短时间内危及其生存乃至使其破产。

1.2 本书研究的意义

政府审计是国家开展审计监督治理的有效手段之一,是积极推动并保证中国经济社会得到持续稳定健康发展的"免疫系统"。政府和国有企事业单位管理者代替国家和人民管理国家的资产或资财,有责任和义务合理利用资产或资财,确保国家资产保值与增值。公共受托经济责任的履行,衍生出现了政府审计。参照一定的规范标准,审计机关对公共受托经济责任展开审计的行为,拓展了政府审计的职能,使政府审计不断进行演化,并在一定程度上促进了其发展。政府审计功能不断延伸,将对国家宏观层面和微观层面治理功能作用的发挥起到积极作用。

1.2.1　理论意义

第一，本书对原有的政府审计对于微观企业（公司）以及不同层级国有上市企业（公司）的研究进行了一定程度的发展完善。本书选取了政府审计的四个衡量标准作为变量，分别为揭示力、处罚力、协作力、展示力，探究了政府审计对国有上市企业（公司）绩效存在的间接作用，并进一步深入研究了中央企业（公司）与地方国有企业（公司）等不同类别的企业（公司）中，政府审计在国有企业（公司）绩效中发挥的影响，这为研究政府审计间接作用提供了新的视野和角度，使目前现有的政府审计在微观层面的研究得到进一步发展和丰富。

第二，当下学术界对于国有上市企业（公司）绩效方面的现存研究成果中几乎没有将国家和政府两个层面的因素考虑进去。然而，作为国有企业（公司）面临的外部环境，地区腐败会严重扰乱国有企业（公司）的正常运营。为此，本书将政府审计、地区腐败与国有上市企业（公司）绩效三者结合起来进行研究，讨论政府审计与国有上市企业（公司）绩效的间接作用机制，为在中国特殊制度背景下国有上市企业（公司）治理理论的适应性研究作出了一点积极贡献。

第三，本书在提高国有上市企业（公司）绩效和社会责任信息披露质量方面，充实了国家审计治理效应文献。现有文献在探讨政府审计作用时，多从提高国有上市企业（公司）投资利用率、提高产能效率、抑制盈余管理等角度出发。本书尝试从一个相对新颖的视角出发，对国家审计提高国有上市企业（公司）社会责任信息披露质量方面进行深入探索研究。

第四，本书丰富了对国有上市企业（公司）社会责任信息披露质量方面的研究。以往学者主要从内外部因素对国有上市企业（公司）社会责任信息披露质量进行研究，针对国有上市企业（公司）内部因素主要包括国有上市企业(公司)性质、内部控制、政治关联、管理者能力、股权结构等方面,外部因素主要包括分析师跟踪、媒体监督、审计质量、政策制度等方面,而本书则将国有上市企业(公司)作为研究样本,探讨重要的外部治理因素——政府审计对国有上市企业(公司)社会责任信息披露质量影响,完善了现有社会责任信息披露质量影响因素的框架结构。并且本书对国有上市企业(公司)社会责任信息披露质量进行了更加深入的探索和研究,探讨国有上市企业(公司)社会责任信息披露在不同外部审计质量和市场化进程的情况下是否存在显著差异。

第五,本书对相关理论进行归纳阐述,为后续推导理论、建立模型打下基础。此外,本书系统地梳理了前人有关国有上市企业(公司)社会责任与财务绩效相关研究重点及框架,把握了研究的未来发展趋势,创新性地得到了切入点。

第六,本书采用将定性与定量结合在一起进行研究的方式,选取四家国有上市企业(公司)作为研究样本进行案例研究分析,这四家企业(公司)分别来自银行业、石油石化业、机械设备制造业和金属行业,选取二手数据进行分析,并辅以资料编码进行比对,探索研究国有上市企业(公司)社会责任与财务绩效之间存在的关系。以此为基础,再进行梳理文献、理论推导,进一步探索研究国有上市企业(公司)社会责任影响财务绩效的根本动因,高管团队持股比例与上述关系之间存在的联系,从而假设出理论模型并提出研究假设。最后运用多元回归分析方法和层次回归分析方法对研究假设进行检验,给出稳健性检验结果,进一步分析实证研究结果并对其进行讨论。

1.2.2　实践意义

第一,本书以地区腐败为基础进行研究,剖析地区腐败在政府审计与国有上市企业(公司)绩效之间发挥的中介作用,并采用实证分析的方式对此进行检验。同时,作为一种国有上市企业(公司)外部制度的环境,通过分析某个别地区腐败对国有上市企业(公司)的影响,不仅能够不断健全完善国有上市企业(公司)治理体系,更能保证国有上市企业(公司)的可持续良性发展。研究结论对提高国有上市企业(公司)经济效益有指导作用,同时可以增强国有上市企业(公司)的话语权并对国有上市企业(公司)产生积极的社会影响。

第二,本书的研究成果进一步研究了政府审计、地区腐败与国有上市企业绩效,使政府审计能够更好地被理解,进一步加强了政府审计对国有上市企业(公司)监督的力度,对拓宽审计广度,起到了更加积极的作用。同时,这对增强国有企业(公司)阅历,拓宽国有上市企业(公司)治理方法和治理经验的传播途径以及应用有着重要的影响,也使相关国有企业(公司)战略实施能够有迹可循、为其提供了切实有效的参考依据。

第三,本书的研究成果可以促进国有上市企业(公司)社会责任水平有效提高,强化国有上市企业(公司)公共受托责任意识,促进国有上市企业(公司)持续稳定发展,对政府审计对提高国有上市企业(公司)绩效和社会责任信息披露质量具有正向作用的观点进行了验证,研究发现,该作用具有一定时滞性,同时该作用在高市场化水平、经国际"四大"会计师事务所审计、内部控制质量水平相对高的国有上市企业(公司)中显得尤为突出。本书研究为政府审计如何推动国有上市企业(公司)绩效和社会责任水平提供了有效途径,为提升政府审计效率提供了有益参考。

第四,本书以政府审计对国有上市企业(公司)社会责任信息披露质量这一角度为出发点,推动政府审计监督职能的有效发挥,同时对国有上市企业(公司)社会责任报告披露的过程加以规范,有助于减少有关社会责任问题发生次数、降低发生频率。由于政府审计具有非营利性和权威性等特点,其对国有上市企业(公司)的监督更加高效。通过开展政府审计,并将审计结果进行公告,督促更多国有上市企业(公司)认真履行社会责任,促进国有上市企业(公司)树立公共受托责任意识,确保国有上市企业(公司)的发展能够稳步且高质量提高,这在整个国民经济持续稳定健康发展的过程中占据至关重要的地位。

总而言之,本书通过将理论与实践加以梳理和总结,深化阐述了研究理论的价值以及该理论将会给实践带来的启示,剖析了现有诸多研究中存在的不足和局限,展望了未来的研究拓展方向,希望能对以后的研究有所启发。

1.3　本书研究的思路和研究方法

1.3.1　研究思路

本书采用理论基础分析协同实证研究相结合的方法,先进行理论分析,其次进行实证研究。在理论分析时,从公共受托经济责任理论、公司治理理论,以及政府审计的免疫系统论为起点出发,构建出多个假设条件,对本书提出的问题进行细化分析探讨。

在验证假设时,本书收集汇总中国所有国有 A 股上市企业(公司)2010—2018 年的数据收集汇总,同时剔除部分不可用数据,包括:金融行业、ST 国有企业(公司)、缺失数据,对连续变量进行缩尾处理,最后根据STATA 软件的回归分析结果,以此验证政府审计对国有上市企业(公司)的绩效和社会责任信息披露质量产生的影响。具体分为以下几个部分:

第一部分为文献、理论及研究假设,主要包括第 2—3 章。其中,第 2 章为文献回顾与文献评述。依次介绍了有关政府审计和国有上市企业(公司)绩效、社会责任信息披露等方面的早期研究成果。在政府审计方面,有关学者强调了政府审计重要性,着重关注政府审计对国有上市企业(公司)经济后果,包括对腐败治理、盈余管理以及国有企业(公司)治理效率等方面。而对于国有企业(公司)社会责任方面,中国学者着眼于研究国有企业(公司)社会责任影响因素、国有企业(公司)社会责任经济后果。在国有企业(公司)社会责任与财务绩效方面,主要研究了改革进程中的国有企业(公司)社会责任演进及国有企业(公司)社会责任要素。在第2章结尾部分,对早期研究文献进行了相关的文献评述。

第3章为理论分析与研究假设。本书对公共受托经济责任理论、公司治理理论和政府审计的免疫系统论进行了详尽细致的解释,从理论层面为起点出发,针对政府审计对国有上市企业(公司)的绩效、社会责任信息披露质量的影响进行探索分析,同时研究分析了国有上市企业(公司)绩效与社会责任之间的关系,并据此提出本书的10个假设条件。

第二部分为研究设计,主要包括第4—6章。其中第4章为政府审计介入对中国国有上市企业(公司)绩效影响的实证研究设计。本书在假设条件1、2、3的基础上进行了回归模型的构建,对数据的来源、模型中变量的选取与数据衡量等方面加以解释。

第5章为政府审计介入对中国国有上市企业(公司)社会责任信息披露质量影响的实证研究设计。本书在假设条件4、5、6的基础上进行了回归模型的构建,对数据的来源、模型中变量的选取与数据衡量方面加以解释。

第6章为中国国有上市企业(公司)社会责任对财务绩效影响的实证研究设计。本书在假设条件7、8、9、10的基础上进行了回归模型的构建,对数据的来源、模型中变量的选取与数据衡量方面加以解释。

第三部分为实证分析,主要包括第7—9章。其中,第7章为政府审计介入对中国国有上市企业(公司)绩效影响的实证分析。本章将受托经济责任理论、免疫系统论和寻租理论三者结合在一起作为研究的理论依据,择取了中国各省、自治区以及直辖市内关于政府审计、地区腐败的所有相关数据,并将 2010—2018 年中国上市企业(公司)沪深 A 股国有上市企业(公司)数据收集汇总作为研究的数据样本,对政府审计、地区腐败与国有上市企业(公司)绩效、企业社会责任之间的影响关系进行了实证研究。对相关变量先进行了描述性统计,然后做到相关性分析,初步对数据整体情况进行了分析,并根据以上建立的回归模型进行了多元回归分析,检验证明假设具有正确性。最后,在稳健型检验中,大部分环节选择了更换因变量的方法和 PSM 倾向得分匹配的方法,从而进一步验证了实证结果的可靠性和准确性。

第 8 章为政府审计介入对中国国有上市企业(公司)社会责任信息披露质量影响的实证分析。本章同样将 2010—2018 年国有 A 股上市企业(公司)数据汇总作为研究样本进行研究,把审计署公布的被审计国有上市企业(公司)的数据作为政府审计数据进行研究,采用 STATA 软件进行了回归分析,主要研究政府审计对国有上市企业(公司)社会责任信息披露质量的影响,先对相关变量进行了描述性统计,然后进行相关性分析,初步对数据整体情况进行了分析,并根据以上建立的回归模型进行了多元回归分析,从而验证了假设正确性。最后,在稳健型检验的大部分环节选择了更换因变量的方法和 PSM 倾向得分匹配的方法,从而进一步验证实证结果的可靠性和准确性。

第 9 章为中国国有上市企业(公司)社会责任对财务绩效影响研究的实证分析。本章同样将国有 A 股上市企业(公司)2010—2018 年的数据汇总作为研究样本进行分析,以国有上市企业(公司)社会责任公开披露数据为依据进行研究,采用 STATA 软件进行了回归分析,主要研究国有上市企业(公司)社会责任对财务绩效带来的影响。先对相关变量进行了描述性统计,然后进行相关性分析,初步分析了对数据整体情况,并根据以上建立的回归模型进行了多元回归分析,从而验证了假设的正确性。最后,稳健性检验的大部分环节选择了更换因变量的方法和PSM倾向得分匹配的方法,从而进一步验证了实证结果的可靠性和准确性。

第四部分为案例、结论及进一步分析,主要包括第10—13章。其中,第10章为中国国有上市企业(公司)社会责任对财务绩效的影响探索性案例研究。本章从四个不同行业分别选取一家国有上市企业(公司)作为研究样本进行研究,这四个行业为银行业、石油石化行业、机械设备制造业和金属行业。采用对二手数据进行分析提取的方式研究,并辅以比对相关资料编码,以此探究国有上市企业(公司)社会责任与财务绩效之间的关系,从而提出本书的初始命题。在此基础上,对早期研究文献进行汇总梳理,并推导研究理论,更进一步探究国有上市企业(公司)社会责任影响财务绩效的根本动机和起因,以及高管团队持股比例与其存在的联系。

第11章为政府审计介入对中国国有上市企业(公司)绩效影响实证研究结论与建议。经过分析研究,本章对国有上市企业(公司)社会责任信息披露制度、政府审计治理功能,以及国有上市企业(公司)绩效等方面分别给出了相应的政策建议。

第12章为政府审计介入对中国国有上市企业(公司)社会责任信息披露质量影响实证研究的结论与建议。经过分析研究,本章在社会责任方面对国有上市企业(公司)的相关问题给出了相应的政策建议。

第13章为中国国有上市企业(公司)社会责任对财务绩效影响实证研究的结论与建议。经过分析研究,本章讨论的重点是国有上市企业(公司)社会责任对财务绩效会造成的影响、高管层持股比例能够发挥的调节作用,并得出相应结论。在结尾处,针对提高国有上市企业(公司)社会责任给出了相关建议,并对其未来的发展进行了展望。

1.3.2 研究方法

本书通过汇总梳理早期文献，推导研究理论，作出假设条件，设计建模并进行实证分析。采用规范研究与实证研究相协同的方法，得出研究结论。并采用案例研究加以例证，具体方法如下：

（1）文献分析方法。本书对相关文献进行检索，并深入阅读和梳理归纳了相关早期理论文献，对国有上市企业（公司）社会责任、利益相关者理论、高阶理论领域进行文献综述，设计出研究的理论基础模型，这为实证研究奠定了理论基础。同时，本书以文献研究中的理论与现实背景为出发点，提出了数个具有一定研究价值的问题。

（2）规范研究方法。本书详细梳理相关文献，把握最新的研究方向及进展，在中国目前的制度环境下，将会计学理论、审计学理论相结合，确定研究方向，并找到研究的创新点进行创新。作者翻阅查询的相关文献大部分是与政府审计和国有上市企业（公司）绩效、社会责任信息披露方向有关，通过运用信息不对称理论、利益相关者理论和公共受托经济责任理论等多种理论协同研究，推导出这几者之间存在的关系，并提出相应的研究假设条件。

（3）实证研究方法。2010 年，中央级企业的审计结果首次得到公开，使本书得到尽可能不含杂质的研究样本和准自然实验的环境。根据 2010—2018 年国家审计署与国资委官网的公开信息，本书筛选出相关国有上市企业（公司），作为政府审计样本。此外，本书的数据渠道来源多样，其中，政府审计相关数据均为人工收集汇总，其他相关财务数据则从 CSMAR 数据库中收集得到。之后，我们整理数据，筛选、计算和分类，构建回归模型，通过运用 STATA，EXCEL 等软件，对数据进行了描述性统计和多元回归分析，分析并检验了其相关性和稳健性。根据实证结果结合理论基础，从中国的

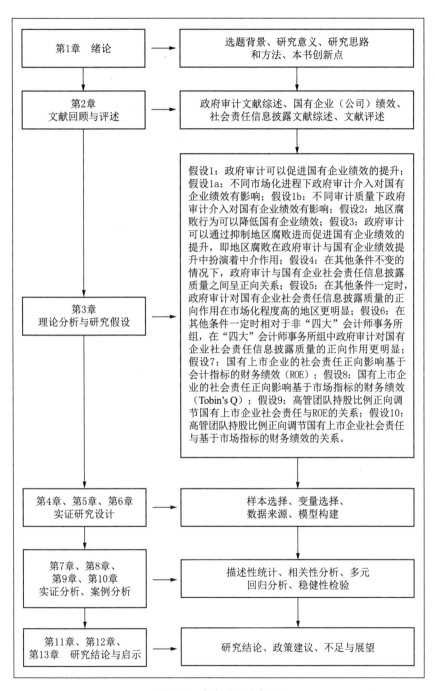

图 1.1　本书的研究框架

实际情况出发,给出相应的政策建议。本书中还择取了专业机构发布的2010—2018年的二手数据,并进一步深入探求了高管层持股对两者关系的调节作用及可能产生的影响,给出研究结果的稳健性检验。

（4）案例研究方法。近年来,管理学界普遍重视采纳案例研究法,案例的引入有助于直观、全面地了解复杂、动态的社会现象,这对于创造性、发展性地构建理论框架具有积极作用,也因此使得研究具备相对较高地可检验性和较好的实证效度。本书通过采用分析国有上市企业（公司）社会责任报告、国有上市企业（公司）年报、数据库数据、国有上市企业（公司）内部文档、国有上市企业（公司）网站和媒体新闻报道等二手数据展开关于多个案例的探索性研究,以检验并证实该命题研究的可行性,同时,也为机理分析打好了实践基础。

综上,本书将遵循一定的技术路线,剖析已有的政府审计文献作出文献综述。特别是对国有上市企业（公司）绩效、社会责任、信息披露、国有上市企业（公司）社会责任影响财务绩效的潜在机制等方面,依次剖析、逐级深入,对高管团队持股比例对其两者之间关系的调节作用及可能发生的影响进行探索研究。

1.4　本书研究的创新点

首先,研究视角较为新颖。已有的文献在政府审计的研究,大部分着眼于诸如盈余管理、投资效率、腐败治理、企业（公司）治理效率等方面,而本书则是将政府审计和国有上市企业（公司）绩效、社会责任信息披露质量相联系起来,这在此领域的研究里是首次。同时,本书以相关政策和理论为出发点,对两者之间的关系进行逐级剖析,先是做好理论规范分析,再深入发展到实证检验,最后得出结论,加以案例研究,为政策的完善提供依据和建设性意见,实现从实践中来,到实践中去的研究目标,丰富了政府审计层面的研究内容。

其次,研究内容较为全面。第一,本书较为系统地探讨了某些地区腐败行为对中国国有上市企业(公司)绩效的影响,对公司治理的研究文献进行补充;在过去对某些地区腐败经济后果的研究中,大部分立足于宏观经济层面,而本书则突破了这个固定模式,探究其对微观企业(公司)层面的影响。作为国有上市企业(公司)的一种外部制度环境,探索分析某些地区腐败对国有上市企业(公司)造成的影响,能使国有上市企业(公司)的治理机制进一步得到发展完善,可以更好地推动国有上市企业(公司)持续、稳定、健康发展。第二,运用中介效应检验方法,考察政府审计的揭示力、处罚力、协作力等因素对国有上市企业(公司)业绩的间接影响,以及可能带来的冲击。在某些地区,政府审计通过发挥其腐败治理功能,能够对国有上市企业(公司)绩效起到间接作用,在这个研究中,不仅有助于丰富我们对政府审计作用的认识,同时也能发现其中存在的问题,为提高我国国有上市企业(公司)的绩效水平提供新的方法和思路。此外,本书进一步分析研究了在中央企业与地方国有上市企业(公司)这两种不同的企业(公司)类型中,国有上市企业(公司)绩效受到政府审计影响的程度,这在一定程度上丰富和发展了政府审计对于微观企业(公司)以及不同层级国有上市企业(公司)的研究,并在该研究基础上,从政府审计治理和腐败治理这两个方面出发,提出具有针对性的政策建议。第三,本书不仅立足于国有上市企业(公司)绩效的研究,也立足于社会责任信息披露质量来研究政府审计所带来的经济后果,而且比较在不同市场化进程、内部控制质量和外部审计质量的差异下,政府审计对国有上市企业(公司)社会责任信息披露质量正向影响的差异,丰富充实已有的研究文献对政府审计经济后果的研究。以研究对象的特征作为划分依据进行细致划分,这对于提高实证结果的准确性及科学性具有积极作用。

再次,研究符合中国国情。不论是在经济、政治、社会,还是在技术、环境、法律制度方面,中国与西方发达国家都存在一定差异。因此,本书聚焦中国国情,探究国有上市企业(公司)社会责任与财务绩效的内在关系,理论分析结合实证检验,在新形势下丰富两者关系研究的新实证证据,为不同文化和不同地域间的对比研究提供范例。

最后,以国有上市企业(公司)为样本开展研究。在阅读早期文献时,我们不难发现,国内涉及国有上市企业(公司)社会责任与财务绩效关系方面的相关研究仍处于初级阶段。对于特定行业与国有企业(公司)的针对性研究尚存空白。同时,学术界研究历来选取国有上市企业(公司)所有制性质作为控制变量,选取国有上市企业(公司)作为研究对象,并由此展开研究,其中关于企业社会责任影响国有上市企业(公司)财务绩效的定量研究屈指可数。中国处于国有制企业(公司)的改革浪潮中,本书尝试以国有上市企业(公司)为样本,把高管层的持股比例作为可调节的变量,以相对较为客观的二手数据作为研究的数据基础,设计并进行实证研究,探索国有上市企业社会责任和财务绩效间存在的关系,并希望通过上述做法为国有企业(公司)的制度改革进程提供理论依据支撑。随着研究不断深入,作者越发认识到权变条件的重要性,这为本书的研究提供了新的视角。值得关注的是,本书立足于高管层视角对企业社会责任进行解读,并对社会道德加以承诺,可以为社会责任战略推进过程供献力量。作者还认为,经济激励在很大程度上推动了高管层资源引入国有上市企业(公司)社会责任实践。所以,针对高管层持股比例与上市国有上市企业(公司)社会责任、财务绩效关系间的研究,在国有上市企业(公司)的制度改革进程中至关重要。

第一部分

文献、理论及研究假设

2 文献回顾与文献评述

2.1 关于政府审计的文献综述

随着国内外公共企业、国有上市企业不断增多,政府审计得到一定程度发展,政府审计在对国有上市企业监督、治理等方面也日益起到至关重要的作用,对政府审计职能的研究,经历了从功能单一,到为政府审计职能划分主次,再到将其体系化的历程。随着政府审计职能不断演进,其相关研究也越发丰富,视角也更加多元,国外对政府审计发展也有了更多指导,产生了重要作用。本书借鉴国内外专家和学者的研究经验与文献,为研究内容提供理论支撑。

Ng(2006)提出,出具审计报告和发表审计意见不应当是政府审计的全部功能,政府审计功能不应过于局限,还应指导政府部门的内部控制,政府审计在政府部门内部控制中具有重要地位,会发挥重要作用。

IIA(2008)指出政府审计是公共部门治理的基础,政府审计对公共资源利用效率的客观评价有利于政府更好地履行受托经济职责,提高政府治理水平。

Ferraz 和 Finan(2011)通过对实证数据进行分析,对巴西政客中存在的腐败问题进行了研究,认为"通过政府审计,政府信息会得到更加充分完全的披露,可以增强信息透明度,并且能明显减少腐败行为,从而实现了国家治理的良好功能"。

Paulsson(2012)着眼于新的研究视角对政府审计的作用及负担的责任进行研究,并得出了结论:政府审计的监督能够积极有效地提升国家机构的治理能力。

2.1.1 关于政府审计重要性的文献综述

国内的研究同样有了新的突破与进展,政府审计功能研究的发展进程受到了由国家审计署提出的免疫系统论的极大推动作用。理论方面具有重大意义的突破与创新,国家审计署提出"现代政府审计是经济社会运行的一个免疫系统"的论断,同样是中国政府审计从业人员对 20 多年以来在政府审计工作过程中得到的实践经验作出的深刻总结。政府审计从业人员以及相关领域的专家学者在研究政府审计方面时,会着重以下三方面的功能:监督功能、维护国家经济安全功能以及治理功能。本书归纳整理了国内外专家和学者的研究经验与文献。

刘家义(2012)认为,在国家治理这个大系统中,政府审计是从开始就存在的免疫系统,这个系统具有预防、揭示和抵御功能,基于这一本质,他详细阐述了政府审计在国家治理中不可或缺的地位,同时他指出,随着国家法制化进程的加快,从深层次认识把握政府审计的特征尤为重要,遵循政府审计的发展规律更有助于国家治理能力的提升。

胡晓清(2015)对政府审计免疫系统的功能尤为关注,其认为在国家监督体系中,政府审计是不可或缺的组成部分。在监督公共资金、国有资产及资源并进行审计的过程中,政府审计发挥着免疫系统功能,确保中国社会经济的健康发展和平稳运行。同时,他还分析研究了政府审计在经济发展转型升级过程中发挥的作用及通过的路径。

郑石桥(2017)认为通过以下十项举措可以提升我国政府审计质量:第一,确定审计主题是审计业务的核心;第二,建立审计业务分类体系要以审计客体为根基;第三,审计工作时效性亟待强化;第四,要将审计主题及其组成部分作为电子数据分析的基石展开审计工作;第五,需确保所有非财务信息鉴证过程的独立性;第六,划清合理保证审计意见和有限保证审计意见的界限;第七,编制准则规定审计重要性的确定以及运用;第八,确定审计定性是否合乎权威规章制度;第九,需要一个完善的体系对审计过程中发现的主要问题进行分类;第十,分层编制审计准则。不仅如此,国务院 2017 年发布的《深化党和国家机构改革方案》中提出:"优化国家审计署的职责,整合政府审计监督力量,构建统一高效的政府审计监督体系"。此外,在党的十九大政府工作报告中,也明确提出"对政府审计的管理体制进行改革优化,使党和国家的监督体系得以建立健全发展完善"的理念。

随后国家还正式组建中央审计委员会。以上举措体现了中国对政府审计的重视程度不断上升,政府审计监督随着高层次、全覆盖的新时代共同发展。贾云洁(2018)在《政府决算草案审计研究》中提出,期望在决算审计的发展变迁规律、审计体制改革、决算审计理论理念框架以及审计法规建设上有所突破,以不断完善政府决算草案审计,推动其向更高层次发展。同时,需要关注供求偏差问题,以确保审计工作的质量和效率。

王天慧、王佳恒(2019)强调了政府审计在生态文明建设中所扮演角色的重要性。认为生态文明建设与经济发展脱钩,为了提高人们对生态环境的重视程度,审计机关提出了生态文明审计的概念。为保证生态文明的建设项目有效落地与实施对被审计单位进行生态文明建设披露方面进行监督与鉴证。生态文明审计可以提高股价安全、有利于维护投资者利益、加速经济发展以及方式转变,是走向现代化社会的必由之路。近年来我国政府审计体制建设日渐完善、政府审计地位日渐提升,其在社会发展中扮演的角色越来越重要。

在 2020 年,政府审计还有一个极其重要的任务就是要推动国家治理良性发展,"对权力运行进行高效的制约监督,建立健全问责机制;严刹权力腐败之风,把其扼杀在摇篮里"是衡量国家治理良性化的重要标准。

周灵欣、郑石桥(2021)以成本效益原则为基础,选取中国 2015—2017 年沪深两市 A 股上市公司,探究政府审计和财务审计重要性之间的机理,结果显示,在政府审计当年财务审计重要性水平并未明显变化,而在其实施一年后,重要性显著提高。这一结论丰富了财务审计重要性水平以及政府审计相关文献研究,对监管部门细化制度、提高监督力度有借鉴意义。

2.1.2 关于政府审计与腐败治理的文献综述

公权力的行使偏离了其轨道,不能全面发展甚至畸形发展,这一现象直接导致了腐败的形成,这会对国家治理造成严重威胁。要对腐败进行治理就需要政府审计。在腐败治理方面,本书借鉴梳理了以下国内外专家和学者的研究经验与文献。

彭华彰等(2013)指出,国家治理的最大阻力之一便是腐败,其从中国腐败现状和政府审计的重要性方面出发,剖析了现阶段对腐败进行治理的过程中中国政府审计所取得的成效,同时对现阶段政府审计在腐败治理过程中遇到的困难和问题进行了深刻分析,从四个层面进一步解释了问题形成的原因,最终提出了治理腐败问题的现实性建议。

刘雷(2014)实证研究了政府审计的揭示和抵御功能,在此过程中发现,地方政府的财政安全受到政府审计的保护，且这种保护是有效的。这检验并证明了审计的经济控制论和政府审计免疫系统论在一定程度上具有科学性。

刘泽照、梁斌(2015)通过利用省级面板数据研究发现，政府审计整改绩效在原有基础上的提高，对于治理并惩治地区腐败具有至关重要的作用，因此提出在发现腐败等问题之后，政府审计整顿和改革的作用尤其应该被重视并强调，使国有企业的治理体系不断健全完善。

陈丽红等(2016)实证研究了政府审计资源的投入量和中国腐败治理的效率与效果，发现二者呈正相关关系，除此之外，不断健全完善地方法制环境也会积极地影响政府审计对腐败发挥的治理作用。

王会金、马修林(2017)的研究视角较为独特，以协同学理论为出发点，对国家审计机关与审计客体之间的关系进行实证研究，并发现协同程度会正向影响政府审计对国家腐败的治理效用。同时，还特别指出公开政府信息十分重要，在政府审计过程中，公开政府信息起到了中介作用。

李嘉明、杨流(2018)基于协同视角，提出政府审计与国家监察应以治理腐败为共同目标，探寻出耦合路径，相辅相成，确保中国腐败治理工作更加全面高效。

赵广礼(2018)提出，建立健全政府审计问责机制是学者们广泛认同的政府审计治理地区腐败途径，而且政府审计问责机制也是政府审计发挥腐败治理职能的重要保障。

靳思昌(2019)指出，为了解决审计实际需求和资源分布不匹配的这一问题，国家审计采用大数据分析实现了可以运用的最新技术手段对审计监督过程的全覆盖，通过对被审计单位的情况悉数把握，实现精准定位，并通过重点监控领导干部权力控制环节中比较薄弱的部分，使系统性风险隐患暴露出来，从而做到对公共资源的全面检测与发现问题时的自动预警，充分发挥国家审计的"免疫系统"功能。

靳思昌(2020)从全流程国家审计腐败治理的机理与路径出发,指出目前国家审计主要采取事后审计模式,缺乏事前预防和事中控制,难以有效遏制公共资金、公共权力和公共政策腐败,审计机关应突破事后监督的思维桎梏,将审计关口前置,在这个基础上对从严审计和从严治党起到推动作用。

2.1.3　关于政府审计与盈余管理的文献综述

陈宋生等(2013)基于代理成本理论提出并证实民间审计和内部审计能够抑制上市企业盈余管理的行为,而政府审计相比民间审计存在天然优势,免收被审计单位费用,能够将"购买审计意见"的问题扼杀于摇篮中,这些特征使得政府审计抑制中央企业控股上市公司盈余管理程度的效果更加显著。

阮滢、赵旭(2016)将盈余管理细分为两类,即"真实盈余管理"与"应计盈余管理",同时认为只有面对真实盈余管理情况时,政府审计才能发挥其抑制作用,而政府审计对应计盈余管理行为的作用并不明显。政府审计在发挥监督作用的过程中存在着滞后的特征,并且对于盈余管理抑制作用只持续到政府审计介入的第二年。

郝素利、李梦琪(2019)综合运用经济学和演化博弈论两种方法,在分析列举了中央企业控股上市企业盈余管理各种原因的基础上,首次建立了一套研究政府审计与审计对象的博弈模型,并基于模型为政府审计提出了独特性见解和现实性优化建议。

王海林、张丁(2019)则以另一种独特的方式进一步验证了这个结果,其基于政府审计公告语调,实证研究发现政府审计通过抑制国有上市企业(公司)生产经营管理中的异常性费用,起到抑制国有上市企业(公司)真实盈余管理的作用,这一结果对政府审计的治理效用及治理之后的结果形成更加深入有力的证明。

崔昱晨、杨永淼(2020)通过实证研究的方式验证了政府审计对国有上市企业(公司)国企真实盈余管理行为的影响情况,发现政府审计介入对改善国有上市企业(公司)的正向盈余管理行为是积极且有效的,政府对上市公司盈余管理水平进行抑制的方向性具有明显的差别。

2.1.4 关于政府审计与公司治理效率的文献综述

政府审计重点是揭露审计出的问题,即及时揭露国有企业内部违法违规行为或者制度缺陷、机制漏洞等问题,必要时进行处罚,促使国有企业(公司)、控股上市企业(公司)纠正缺陷,规范经营管理活动,提高经营绩效。在公司治理效率方面,本书借鉴并梳理了以下国内外专家学者的研究经验与文献。

蔡利、马可哪呐(2014)把中国上市央企作为研究对象进行研究,探索并讨论了国有上市企业(公司)治理效率会受到政府审计怎样的影响,研究结果显示国有上市企业(公司)会受到政府审计的监督、纠偏,这有利于提升其经营业绩,主要体现在提高国有上市企业(公司)的利润总额和总资产周转率方面,并且这种促进作用可持续到政府审计介入后的两个年度。

李江涛等(2015)则以中国国有上市企业中上市企业(公司)数据作为研究样本,进一步探讨了政府审计对于中央企业中控股上市企业(公司)绩效的作用机制,认为政府审计对国有企业(公司)的腐败问题具有重要的"中介效应",但是政府审计只对资产净利率产生正向促进作用,而对国有企业(公司)利润的规模作用并不十分明显。另外,在政府审计的约束下,信息不对称的情况有所改善,管理层得到很好的监督,从而避免了过度投资等问题。

王兵、王璐(2014)认为相比民间审计,政府审计在规范国有上市企业(公司)投资方面更能发挥巨大的治理优势。首先政府审计跟被审计单位之间的利益关系为零,其次较之于民间审计,政府审计涉及的内容更多,涉及的范围也更广,最后政府审计有权要求国有上市企业(公司)对其被披露出来的违法违规行为及时进行纠错和改正。

周微(2018)在对非效率投资的经济后果进行研究之后,发现上市央企的非效率投资越大,腐败曝光程度越高,并且政府审计对两者的关系起到促进作用。

杨华领、宋常(2019)认为,政府审计对于国有上市企业(公司)虚增收入行为也起到一定的抑制作用,依靠其自身的审查能力,政府审计能够揭露中央企业控股上市企业(公司)存在的相关问题,因此能够在一定程度上对中央企业控股上市公司的收入管理不当行为产生约束和抑制作用。

2.2 关于政府审计介入对国有上市企业(公司)绩效影响的文献综述

2.2.1 关于政府审计介入与国有上市企业(公司)腐败治理的文献综述

政府审计具备的职能,能够排查并清除会对国民经济正常运行、社会正常发展造成影响的阻碍,并且对风险进行预备和防范,这是国家赋予政府审计的责任,也是对政府审计提出的要求。国家需要积极完善政府审计内容,其目的之一是减少因腐败带来的问题。现阶段国内外的专家学者大多从两个方面研究政府审计与腐败治理关系:一是对于腐败治理来说,政府审计起到了什么作用;二是在对腐败进程进行遏制时,政府审计都会采取什么样的方式。以法律法规的规定为依照,国家财政经济活动要受到政府审计的监督,财务收支活动要受到政府审计的审计,从合理性、合规性两个方面保证国有上市企业(公司)经济活动良性有序,由此可见,政府审计的基本职责是在现有的基础上使经济效益得到提高。在政府审计介入与国有上市企业(公司)腐败治理方面,本书借鉴并梳理了以下国内外专家学者的研究经验与文献。

Kayrak M(2008)通过对相关理论的研究,运用公式及图表梳理出政府审计的问责机制、腐败治理之间的关系,认为政府审计问责机制的建立健全对抑制地区腐败程度能够起到积极的作用。

蔡春等(2009)认为,在履行国家赋予职责的过程中,政府审计应当能够对腐败行为进行检查并举报,对地方政府部门进行监督,并时时鞭策其整顿管理,肃清国家经济环境并维护使其稳定发展。政府审计职能能够将对国民经济正常运行、社会正常发展的阻碍筛选排除,对风险进行预先防范,国家交付给了它腐败治理这一责任。

周黎安等(2009)采用实证研究的方式,证明了有越多的公众积极参与,政府审计预防和抵御功能对腐败治理就越能起到积极作用,地区腐败的程度就越低。

崔云、朱荣(2015)认为,政府审计的监督职能以及揭露、惩罚的权利可以在一定程度上对腐败、违法行为进行威慑,可以减少投机行为产生。

Hendi 和 Gunawan(2016)把印度尼西亚城市公路项目作为研究样本并开展了实证研究,研究结果显示,政府审计对公共资金违规比率的降低起到了显著的作用,证明政府审计工作对地区腐败能够起到遏制作用,且政府审计的影响随着其审计力度的变大而变大。政府审计的主要目的是对政府、企事业单位的财政资金使用情况进行监督,并对违法行为予以揭露,并督促相关部门、人员整改,可以从根源上预防腐败的产生。

宋夏云、马逸流(2016)指出,政府审计能够在此基础上对腐败治理开展更好的工作,离不开其权威性、强制性、专属性、广泛性的特征。他们认为政府审计应加强同纪检监察、公安等部门的合作意识,共同致力于降低地区腐败程度。

陈丽红等(2016)以中国省级数据为出发点,对政府审计问责与腐败治理关系进行了实证检验,研究结果显示地区腐败程度可以通过健全政府审计问责机制来降低,并且完善的法律制度环境有助于增强政府审计问责机制对于地区腐败的治理效果。

Faridy 等(2016)、Ionescu(2014)以政府审计的本质为基础,对政府审计与腐败的关系展开了实证研究,研究发现政府审计的本质和职能能够促使政府、企事业单位扩大信息披露范围,进而有效增加了政府、企事业单位的信息透明度,降低相关人员的投机心理,对减少腐败行为的发生起到积极有效的作用。

王会金、马修林(2017)从协同理论的视角出发展开了实证研究,并由此发现协同政府审计主体与客体能够在现有的基础上推动地区腐败程度的降低,这一研究成果也为政府审计在反腐败方面提供了新的视角与思路。

解云(2017)基于党政活动研究政府审计与地区腐败程度的关系,发现政府人员会为了前途避免腐败、违法行为,进而降低地区腐败程度。

傅樵、高晓雅(2018)以 31 个省(自治区、直辖市)的数据作为数据样本,对政府审计、媒体关注与腐败治理的关系展开了实证研究,在研究中发现,媒体对于腐败事件关注程度的提高对于增加政府审计范围起到推动作用,进而对于降低地区腐败程度起到积极影响。公众参与能够更好地督促政府相关制度、流程的完善,扩大政府审计信息透明度,进而预防腐败。

万炜(2019)针对国有上市企业(公司)开展绩效审计,有助于对国有上市企业(公司)的各项资源进行优化配置,及时发现企业中影响国有上市企业(公司)运营发展的风险和不良要素,为国有上市企业(公司)的长久运营提供必要依据,使国有上市企业(公司)具备更大的实力以应对现代化改革和发展。要做好国有上市企业(公司)在市场经济环境下的绩效审计工作,除了改革传统的绩效审计方法,还要引入更现代化的审计工作模式。应对绩效审计当中存在的难点进行更系更全面的剖析,对其实际要求进行辨析,才能实现高水平绩效审计工作方案。

陈洋(2020)研究发现,随着中国混合所有制改革和双百企业"两大行动"的不断推进,国有上市企业(公司)改革已经取得阶段性的成就,国有上市企业(公司)与民营企业(公司)之间相互持股也是混合所有制的一种方式,这种极具经济转型特色的混合所有制改革方式,在世界各国的学术界当中引起了广泛关注和激烈讨论。

因此,本书将从国有上市企业(公司)与民营企业(公司)相互持股与公司绩效,混合所有制改革中股权制衡与公司绩效,以及国有股最优持股比例与公司绩效三个方面,将学者们在混合所有制大环境背景下股权结构对公司绩效产生影响的相关文献进行归纳梳理,并且在全书最后部分进行了文献评述,提出了未来的研究方向,进一步丰富有关混合所有制改革与国有上市企业(公司)绩效的相关文献。

2.2.2 关于腐败与国有上市企业(公司)绩效的文献综述

学者们现阶段针对腐败的研究成果虽然较为丰富,但大部分研究主要集中在宏观领域,针对腐败治理效果对于国有上市企业(公司)的影响的研究很少,所以本书在这一方面重点梳理腐败与国有企业上市(公司)绩效关系的文献。大部分实务与实证研究界学者的研究结果表明:腐败是国有企业(公司)持续健康发展的"绊脚石",腐败问题会造成国有上市企业(公司)的资源浪费,进而扭曲国有上市企业(公司)与政府资源配置,对国有上市企业(公司)发展产生不利影响。在这一方面,本书借鉴并梳理了如下国内外专家和学者的研究经验与文献。

Mork(1988)认为,产生腐败的原因是公共企业(公司)的经理人或者股东为了实现自己利益最大化进行腐败或者参与腐败,公共企业(公司)发展过程中的经营与法律风险会因为腐败行为而增加,进而损害其他利益相关者的利益。根据寻租理论,公共企业(公司)经理人与股东为了争取政府资源倾斜以及寻求政府干预会产生腐败行为。

苏卫东和陈超(2005)、卢馨等(2015)认为高分散的国有上市企业(公司)股权会降低股东对于国有上市企业(公司)经理人的监督,在外部监督环节缺失的情况下,根据委托代理理论,国有企业(公司)经理人为了实现自己的利益,很可能会参与腐败行为,这会增加国有上市企业(公司)的代理成本,影响国有上市企业(公司)的绩效。

Kevin(2011)研究发现,代理成本的降低有助于股权在原有基础上更好地集中,最终提升公共企业(公司)的绩效。

李春霞(2014)通过实证研究发现,地区经济健康发展,将主动提升国有上市企业(公司)经济效益,从而改善国有上市企业(公司)依靠投资来带动发展的现象,降低融资约束。

唐松、孙铮(2014)认为,腐败行为可能由于其隐蔽性以及难以预见而广泛存在于国有企业(公司)中,由此导致较低的资源配置率,影响其他企业(公司)正常的市场竞争。因而腐败行为一方面增加了国有上市企业(公司)的运营风险;另一方面增加了国有上市企业(公司)的代理成本,恶化国有上市企业(公司)的治理效率。

李延喜等(2015)研究发现,当政府较少干预国有企业(公司)时,如果对国有上市企业(公司)的外部法律制度环境进行改善,增强地区经济发展效率,可以使其投资效率提高,从而提高国有上市企业(公司)绩效。另一方面,腐败会对国有上市企业(公司)股权的集中程度产生影响。

张琦(2020)研究发现,腐败程度高的地区的国有企业(公司)相较于低程度地区,高管层的权利的大小随着其股权集中程度的高低而变化,进而为了管理层的利益影响寻租行为,加深了地区腐败程度,相应提高了代理成本。

万良勇等(2015)研究发现,外部法律制度环境的完善能够极大减少国有上市企业(公司)不恰当的投资行为,国有上市企业(公司)绩效越高,表明外部法律环境的优化越能够提升国有上市企业(公司)治理效率。

万良勇等(2016)研究还发现,以政府廉洁指数为基础对地区腐败程度与国有上市企业(公司)投资行为的关系开展实证研究的结果显示,外部法律制度环境越完善,国有上市企业(公司)的投资不足和无节制投资行为将越少,国有上市企业(公司)绩效将越高,这证明优化外部法律环境对提升国有上市企业(公司)治理效率具有极大的推动作用。

胡振兴(2016)采用多元回归的方法进行分析,研究发现经营业绩受到国有上市企业(公司)的高管腐败行为的危害非常显著。

徐细雄、郭仙芝(2017)实证检验了地区腐败与国有上市企业(公司)代理成本的关系,结果显示地区腐败程度的降低会显著减少国有企业的代理成本,缓解资源浪费,提升国有上市企业的运营效率。

谭瑾等(2018)研究发现地区腐败程度会影响国有上市企业(公司)的正常竞争关系,带坏社会风气,不利于社会稳定发展,然而缺乏良好的经济环境会导致国有上市企业(公司)的代理成本增加,降低国有上市企业(公司)的经济效益。国有上市企业(公司)外部制度环境的改善,国有企业(公司)代理成本的降低可以提高国有企业(公司)绩效、增加国有上市企业(公司)

治理效率。此外,寻租产生的腐败行为虽然会在一定程度上得到政府资源倾斜,但是也会减弱市场经济、产品市场竞争等外部市场的监督作用,对国有上市企业(公司)长期发展不利。

白智奇等(2018)研究表明,内部控制体系的优质优量、国有上市企业(公司)治理结构稳定良好,对国有上市企业(公司)从内部减少高管腐败的机会具有积极的推动作用。此外,腐败问题会恶化国有上市企业(公司)管理层环境,使选拔受阻。相比其他管理层,腐败人员会增加获得提拔的机会。国有上市企业(公司)绩效以及个人绩效都会影响个人的思想决策,产生腐败的动机。国有上市企业(公司)决策层可能因为薪酬以及绩效等原因而选择腐败行为来达到晋升的目的,这为国有企业(公司)治理带来新的挑战。

杨萍(2019)研究表明,技术创新行为中的市场失灵现象可以从政府补助中得到弥补,国有上市企业(公司)获得了创新资源,激励了其创新能动性,保证了国有企业创新活动顺利开展。部分国有上市企业(公司)为获取政府补助采取寻租手段,使创新资源错配,导致公共资源低效,降低了政府补助的创新效应。政府补助过程中容易出现的寻租行为可以由反腐败进行纠正,使之流向亟须创新资源的国有企业(公司),提升国有上市企业(公司)创新绩效。中国制造业是经济基础得以发展的基础,在新的国际竞争到来之际,制造业的自主创新能力还有很大的提升空间,随着国有上市企业(公司)技术创新能力的不断完善加强,制造大国的强国梦将得以真正实现。

2.2.3 对以上文献的综合评述

通过以上对政府审计、地区腐败与国有上市企业(公司)绩效的国内外文献综述,本书厘清了三者之间关系的研究现状。

当前政府审计的相关研究主要聚焦于宏观经济层面,以规范研究为主要研究方法,大多文献对政府审计、地方政府的治理水平、财政安全,以及腐败治理、政府审计质量等方面进行实证研究,从政府审计的治理功能对国有上市企业(公司)治理的影响入手的研究数量很少。对政府审计与国有上市企业(公司)绩效方面的研究尚不完善,比较零散缺乏系统。在当前反腐新政背景下,政府审计促进国有上市企业(公司)绩效的效应有待进一步深化。

在研究地区腐败的经济后果方面,现阶段研究大都是宏观层面的,研究微观经济层面的比较少,切入点主要以国有上市企业(公司)投资和创新为主。本书立足中国国情,结合当前经济政治以及市场环境,运用实证研究政府审计、地区政府官员的腐败程度对国有上市企业(公司)绩效影响。一方面可以充实政府审计、地区腐败在微观经济层面的研究成果;另一方面在中国特殊制度环境背景下,给国有上市企业(公司)治理理论的适应性提出建议。

2.3 关于企业(公司)社会责任概念、模型、演进的文献综述

2.3.1 关于企业(公司)社会责任概念、模型的文献综述

企业(公司)社会责任在社会与学术界的不断呼吁中发展成为管理学的重要研究议题。不同学科领域的学者们各抒己见、联合探讨,通过不同视角对国有上市企业(公司)的社会责任展开探究。学术界尚未就关于如何界定国有上市企业(公司)社会责任概念这一问题给出明确的答案,不同学科之间的看法有争议、有传承,也有发展创新,但还尚未达成一致。因此,本书在

此整理出国有上市企业(公司)责任概念的发展演变历程,为理解国有上市企业(公司)社会责任的内涵、开展实证研究奠定坚实的基础。在国有企业(公司)社会责任方面,本书借鉴并梳理了以下国内外专家学者的研究经验与文献。

霍华德·R.鲍恩最早提出了社会责任这一概念,并在其著作《商人的社会责任》(2015)中提到,学者们开始广泛讨论社会责任与经济责任之间的关系并进行研究。争议主要围绕二者的关系是包含还是平行展开,对社会责任和经济责任的研究是基于利润最大化的古典经济学假设。有一种观点认为,社会责任对立于经济责任而存在。

McGuire(2015)在原有的基础上拓宽了公共企业(公司)社会责任的定义范畴,认为其应包括经济责任、社会责任和法律责任,公共企业(公司)社会责任范畴应当纳入诸如政治、社区福利、教育、员工利益和其他社会利益。

Porter(2015)以竞争优势理论为出发点,认为公共企业(公司)和社会间相互依赖(如图 2.1),这是公共企业(公司)不能忽视的特点,公共企业(公司)的经济绩效可以通过其保护环境和社会的行为来保证。基于特殊的社会环境和公共上市企业为应对社会问题采取的管理方式,学者们主要根据其战略性质和反应性质区分公共企业(公司)责任活动的若干部分(如图 2.2)。同时,将战略性公共企业(公司)社会责任划分为两种类型:价值链创新和竞争环境投资,同时还提出了战略性公共企业(公司)社会责任决策的钻石模型。其核心论点为:如果公共企业(公司)将社会责任与经营活动充分融合,参与到各环节的资源循环中,并且在企业(公司)的竞争中有相关匹配能找到,那么社会责任就会成为公共企业(公司)盈利能力、核心竞争力提高的组成部分。参与战略性公共企业(公司)社会责任活动对公共企业(公司)而言并不是束缚和桎梏。恰恰相反,这个过程能够给公共企业(公司)提供更多的机会,为其创新发展提供动力。这一企业(公司)管理思想具

纯慈善
社会利益
社会和经济
利益汇合
经济利益
纯商业

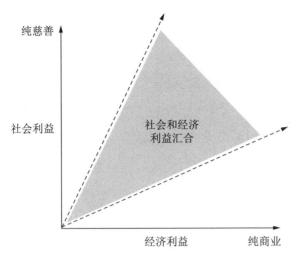

图 2.1 社会和经济利益汇合

资料来源:Porter(2015)。

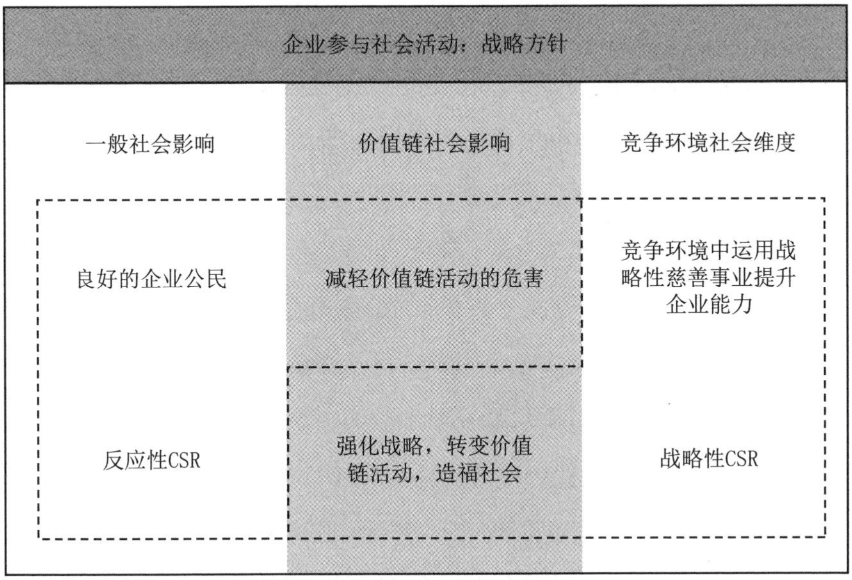

企业参与社会活动：战略方针
一般社会影响
价值链社会影响
竞争环境社会维度
良好的企业公民
减轻价值链活动的危害
竞争环境中运用战
略性慈善事业提升
企业能力
反应性CSR
强化战略，转变价值
链活动，造福社会
战略性CSR

图 2.2 企业社会投资的战略途径

资料来源:作者自行整理。

有改革创新性。从此之后,在探讨和研究战略性企业社会责任时,学者们可以采用不同的方面和视角。

Husted 等(2016)对公共企业(公司)战略中的五大企业社会责任职能进行了分析研究,即定义战略方案、项目资源投入、企业员工参与、社会行动定位及社会责任评估。

以 Carroll(2016)为首的部分学者认为,公共企业(公司)经济绩效在国有企业(公司)社会绩效的范畴之内,他们指出公共企业(公司)社会责任(CSR1)的子概念应包含:经济责任、法律责任、道德责任、自由裁量责任(慈善责任)。Carroll(2016)提出了公共企业(公司)社会责任"金字塔"模型。以行动为导向的公共企业(公司)社会回应(CSR2)研究,是之后学者们研究的聚焦点。此外,公共企业(公司)社会回应模型的提出,也受到很多学者的推崇,即在公共企业(公司)的社会责任实施按照原本战略意图时,其社会回应方式应该从以下四种中进行选择:对抗型、防御型、适应型和预见型。诚然,公共企业(公司)社会回应理论也存在局限性和缺陷。学者们在批判质疑的基础上革故鼎新,对相关理论成果进行研读梳理,由此提出公共企业(公司)社会责任绩效概念。通过对上述理论进行重新梳理整合架构,提出了一个新的模型:公共企业(公司)社会绩效三维模型,即"原则—过程—政策"。

Swanson(2017)提出建立公共企业(公司)社会绩效模型时,应着重考虑道德、规范作用,在建立公共企业(公司)社会责任、国有上市企业(公司)社会回应和公共企业行为结果联系过程中应同时具有经济、道义视角。从全局来看,公共企业(公司)社会绩效模型为总体分析国有上市企业(公司)和社会关系提供了有价值理论框架。公共企业(公司)社会责任逐渐被纳入公共企业(公司)治理实践,对公共企业(公司)社会责任理论研究也从"是什么""为什么"转向现实中参与社会责任活动"怎么办"。

赵尉尉(2017)指出,彼得·德鲁克认为,将社会责任融入企业盈利中去,才能使社会责任创造出新商机。学术界理论研究导向也从道德转变为战略,研究新方向变为如何主动使国有上市企业(公司)核心业务逐步渗入社会责任。

Burke(2018)是战略性社会责任(strategic corporate social responsibility,简称 SCSR)这一概念的提出者,战略性社会责任就是同时将社会利益、经济利益和社会责任带给公共企业(公司)。他们认为履行公共企业(公司)社会责任(包括政策、项目或进程),一方面能够支撑公共企业(公司)的核心业务发展,另一方面对现阶段公共企业(公司)经营效率的提升具有积极影响,有利于提出新盈利点。

Burke(2019)还提出,利用中心性、前瞻型、自愿性、专用性和可见性这五个特征可以对战略性公共企业(公司)社会责任进行识别,如图 2.3 所示。

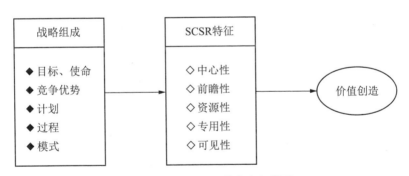

图 2.3 战略性企业社会责任模型

资料来源:Burke(2019)。

以 Burke(2018)和 Porter(2015)的思想为出发点,刘建秋(2018)提出了企业社会责任的向心性、前瞻性、专用性和组织性,这对于战略性国有企业(公司)社会责任的评估标准思维属性具有针对性。并以资源基础观(RBV)视角为出发点进行研究,这对战略性公共企业(公司)社会责任非常重要。资源基础观认为公共企业(公司)的资源和能力具有价值性,稀缺性,独特性和无法替代性。这些特点将对培养公共企业(公司)的竞争优势产生积极影响。

Mc Williams(2017)所提出的利益最大化的公共企业(公司)社会责任模型也是以资源基础观而建立的。经济学学者认为,公共企业(公司)进行社会责任活动能够为企业(公司)的社会网络、社区发展等外部环境带来正效益,同时减少企业(公司)环境污染等负面影响。这拓展了公共企业(公司)社会责任的研究范畴。对公共企业(公司)社会责任管理模式进行优化的方法有很多,成本效益分析方法是其中重要的战略工具之一。如果高管层能够将公共企业(公司)社会责任视同市场上的普通商品,能够对其供给和需求现状的分析做到没有任何先入为主的想法或规范性的承诺,那么作出的社会责任决策具有战略性或经济性的特征实则不难。

Husted(2016)回答了战略性公共企业(公司)社会责任比强迫性社会责任更能产生积极影响这个问题,即战略方法能更多地带来社会总产出,而不是其他的组织实施方法。

Amjad(2017)以人力资源为出发点进行研究划分社会责任作用,划分标准为公共企业(公司)内部和外部两个维度,认为从内部看,社会责任有助于公共企业(公司)员工的健康发展,体现对员工的充分尊重,给员工更公平的机会,有助于在原有的基础上更进一步的挖掘员工的工作热情。随着全球气候问题愈发复杂,面对温室效应的加剧、稀少生物物种濒临灭绝等问题,多方不同行业甚至不同国家的主体协同合作就显得尤为重要。这也对公共企业(公司)的社会责任提出必然要求,其社会责任的履行是对经济可持续发展承诺的兑现。从整体的视角来看,公共企业(公司)社会责任研究开创了新视野,正逐渐转变走上为理论创新与实践应用协同发展的道路。

通过以上综述,在整个演变过程中,基于多方面、多维度的研究角度出发,学者们对公共企业(公司)社会责任概念模型、社会回应,以及社会绩效进行了具有研究意义的阐述。与此同时，以公共企业（公司）社会责任概念为出发点，学者们通过对相关主题框架进行讨论、逐级深入，再将研究主题与实践紧密联系进一步发展，这说明学术界对公共企业（公司）社会责任内涵的有深入理解和拓展的整体趋势。

2.3.2　关于利益相关者理论的文献综述

有关利益相关者的研究始于 20 世纪 60 年代，这一概念在欧美国家首次提出，自 80 年代后发展迅猛。本书借鉴并梳理了如下国内外专家学者的研究经验与文献。

Rowley（1976）首次界定了利益相关者内涵，他认为利益相关者就是个人或团体中那些能对公共企业（公司）目标实现造成影响或者受到影响的人或组织。

Freeman（1977）改变了传统经济模式下的研究现状，即他并不受到股东财富最大化的局限和制约，认为利益相关者理论的提出是基于一个假设。多方主体共同参与和支持维持了公共企业（公司）的生存并且推动了其发展，这离不开在经营决策中管理层满足利益相关者多重利益需求的质量。英国和美国将这个理论作为公共企业（公司）治理模式的依据，这一理论也指导了公共企业（公司）的管理模式，从对公共企业（公司）社会责任的方面来说，该理论不仅改变了人们的固有看法，而且作出了重要贡献。

Freeman（1979）提出了工具利益相关者理论假设，该理论认为在履行主要利益相关者的社会责任的过程中，公共企业（公司）能够因此获益。公共企业（公司）可以用来创造财富，社会责任也因此被看作是创造财富的战略工具。在整个经营过程中，公共企业需要通过协调利益相关者之间的关系并实现其价值。但由于制约条件的客观存在，比如有限的资源和理性，公共企业往往是依据工具性或(和)规范性来确定利益相关者的顺序排定优先级的。通过不同管理机制和过程(管理者的自由裁量权、关注合法性问题、环境的特殊性和权力关系的评估等),公共企业(公司)可以对利益相关者之间的需求进行协调和平衡,进而提升企业(公司)的多项绩效(经济利益,无形资本和社会资本),还可以有效利用建立起的信任关系、利益网络等合法途径获取需要的资源。以利益相关者的视角为出发点,对公共企业(公司)社会责任与财务绩效之间的关系进行研究,不仅给公共企业(公司)价值创造或减损来源的分析提供了利益相关者的架构,也更容易分析利益相关者存在的问题及其对公共企业和社会所产生的影响。

利益相关者理论研究的发展有赖于研究方法的创新,目前研究方法主要是规范性理论分析法,对于实证的运用少之又少。为此,国内数位学者作出重要贡献。

陈宏辉(2009)进行了大量调查,将所得数据应用于实证研究。发现不同利益相关者在重要程度上存在一定顺序,并进一步探究了这种顺序与实现程度存在的差距。

刘利(2014)延用陈宏辉(2009)的方法,但对其测量基础进行了修正,通过择取不同样本,对其利益相关者的各种具体要求的重要性顺序进行了验证。

吴玲(2006)在实证数据的基础上提出了一个新的管理模型——权变的利益相关者管理模型。

伍健(2017)提出了国有上市企业(公司)的未来愿景,指出了国有上市企业(公司)想要实现的终极目标及所追求的理想状态。一直以来,组织行为及战略领域的学者们对国有上市企业(公司)未来发展所产生的影响形成广泛关注。现有的研究主要探讨了愿景作为国有上市企业(公司)战略体系的一个部分,对国有上市企业(公司)战略的引领作用,以及对国有上市企业

(公司)绩效的影响作用,同时基于内部视角出发,深入讨论了愿景对员工行为产生的影响。然而现有的研究缺乏外部视角的研究。事实上,国有上市企业(公司)谋求发展,利益相关者的支持和外部资源的整合都是不可或缺的,国有上市企业(公司)愿景会使利益相关者在原有的基础上加大对国有上市企业(公司)的支持吗? 愿景在国有上市企业(公司)对利益相关者进行管理的过程中会起到什么样的作用以及如何发挥作用? 这些问题需要引入利益相关者理论的方法作出一定补充。此外,研究探讨了国有上市企业(公司)愿景在利益相关者管理中作用的内涵,作用机制及有效性。

吴斯晖(2019)指出,利益相关者理论逐渐完善并得到发展主要是在 20 世纪 90 年代以后。认为从国有上市企业(公司)经营行为的道德性假设出发,研究范畴中应纳入伦理管理这一项,并将其视为国有上市企业(公司)履行与利益相关者长期隐形契约遵循本身发展规律的要求,进一步丰富了伦理管理的内涵,使伦理管理的保障措施形成和得以发展,并进一步推动国有上市企业(公司)伦理管理发展。吴斯晖(2019)通过探讨利益相关者对国有上市企业(公司)伦理行为的影响,研究人类的行为规律,从而引导与控制利益相关者的行为以达到国有上市企业(公司)发展的目标,实现组织的不断发展与成长。

综上所述,利益相关者理论的研究成果颇丰,但想要形成一定体系还需要一定时间。在利益相关者管理的相关方面,还有待学者们进一步探讨研究。

2.3.3　关于高阶理论的文献综述

高阶理论是以人的有限理性为前提,把高层管理者的特征、战略选择、组织绩效纳入高阶理论研究的模型中,突出了人口统计学特征对管理者认

知模式的作用,以及对组织绩效的影响。关于高阶理论,本书借鉴并梳理了
以下国内外专家学者的研究经验与文献。

Hambrick 和 Mason(1945)从西蒙(Simon)的有限理性思想的基础上出
发,指出管理高层的出身和具备的特点对公司的战略决策和绩效产生的影
响非常重要,因为管理高层在面对不同情形时作出的选择具有非常强的个
性和主观意识,而其自身的经历、认知、目的、价值观直接影响其个性化
选择。

因此,了解和研究高层管理者对理解甚至预判其行为有着积极的意义。
高阶理论的研究框架如图 2.4 所示。最近几年,无论是在概念还是在方法层
面上,高阶理论都得到了长足发展。大量学者给出了专门针对高阶理论分
析框架的实证研究证据,高阶理论的研究维度也因此得到了丰富和充实。

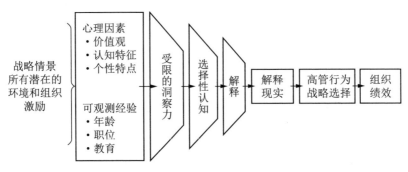

图 2.4 高阶理论的研究框架

资料来源:作者自行整理。

目前现存的研究,以研究对象和研究目的为依据进行划分,在择取高管
特征时主要考量四个方面,分别为:(1)人口统计学变量,如年龄、性别、教育
背景、民族等;(2)经验和能力特征,如任职期限、职业经历、变革领导力、政
治联系和薪酬水平高低等;(3)心理特征,如人格特质、价值观等;(4)组织特
征:高管团队异质性、董事会是否具有独立性、高管团队的性别比例高低等。

Petrenko 等(2002)发现公共企业(公司)社会责任会因为 CEO 的自身价值判断而降低对绩效产生的影响。

Eisenbeiss 和 Otten(2008)提出了高管伦理领导力与公共企业(公司)绩效之间存在密切关系,可以建立具有中介作用的调节模型。从同样的思路出发,Weidenbaum 和 Jensen 在研究后发现,公共企业(公司)社会责任对风险的选择或规避与高管个人的选择目的和愿景之间的关系紧密相连。

Mahoney(2011)经过研究发现,如果公共企业(公司)的长期绩效影响着 CEO 的薪酬策略,甚至与其薪酬策略挂钩时,在作选择时,CEO 更愿意倾向于公共企业(公司)社会责任战略。

Amason(2013)研究了高管团队具有的特征与互动行为对公共企业(公司)绩效之间产生的影响。Jensen 和 Zajac 发现,当将个体差异与高管团队进行区分,分别与战略结果组合研究其关系时,研究结果显然存在很大差别。由此,研究者们开始将研究目光聚焦于战略过程中高管团队的作用。

Patzelt(2015)通过建立风险感知模型展开研究,主要针对受过的教育和经验将如何影响高管团队组织成员进行风险投资组织的投资组合战略。其中,绩效、共识、社会整合和决策过程受到的高管团队的异质性影响,且是混合掺杂、不具备条理性的。

徐细雄、郭仙芝(2017)等学者系统总结了高阶理论的相关研究,并对相关理论框架进行了梳理分析,模拟出未来的发展趋势。现阶段已存在的研究关注点主要聚焦于高管的个人特征,如个人价值观、认知能力等对国有企业绩效、战略决策的影响。

Hambrick 和 Mason(2017)指出,公共企业(公司)的战略决策凝聚了高管层的集体智慧,这个过程通常离不开每一个高管层成员的参与。因此,对高管层的考察要综合全面,这对于研究其对企业(公司)战略和财务绩效影响具有必要性。

现有研究即便以高管层整体为研究对象,但也停留在直接影响层面。在现代企业(公司)制度改革的过程中,对高管层持股比例进行调整是否会影响公共企业(公司)社会责任与财务绩效之间的关系,以及这将会产生怎样的影响,这些还需要进一步探索研究。

2.4　关于社会责任信息披露的文献综述

2.4.1　关于社会责任信息披露影响因素的文献综述

对社会责任信息披露方面,本书借鉴并梳理了以下国内外专家学者的研究经验与文献。

Cormier(2001)经过研究发现,公共企业(公司)所有权结构与社会责任信息披露之间的关系显著。Reza 等(2022)择取了马来西亚的上市企业(公司)的研究样本,从公共企业(公司)文化、治理、内部因素三方面对社会责任信息披露的影响进行了分析,研究发现公共企业(公司)社会责任信息披露与董事会的三个方面(构成、主席特征、股权结构)之间关系显著,密不可分。

在研究国内相关文献时不难发现,有不少专家学者已经从内部因素的角度做出了专题研究。

崔秀梅(2009)认为,国有上市企业(公司)的资产规模越大,越倾向于发布社会责任报告,但与环境敏感度不存在线性关系。从外部环境制度因素的角度来看,媒体曝光程度显著正向影响了国有上市企业(公司)发布社会责任报告。

李远慧、张洁(2012)认为,虽然社会责任报告质量会受到股东压力和债权人压力而产生的某种正向影响,但社会责任信息披露方面独立董事与企业(公司)盈利能力等因素的作用相对比较弱。

王建玲(2013)认为,第三方审验机构对国有上市企业(公司)社会责任信息披露质量有显著提升作用,并带来正向市场反应。同时,法律制度相对完善、信用度较高的地区,国有上市企业(公司)社会责任报告的披露质量相对较高。

张蒽等(2014)经过研究发现,中央企业(公司)社会责任报告的整体质量会受到国际化程度的显著影响。同时,国有上市企业(公司)社会责任报告的完整性、实质性、平衡性、可读性和整体质量也会受到行业敏感性的影响,通常来说该影响是正向的。

汤晓建(2016)认为,高质量的内部控制不仅能提高国有上市企业(公司)治理水平,还可能会提升国有上市企业(公司)社会责任信息披露质量。内部控制对国有上市企业(公司)社会责任履行的正向调节作用将转化为其披露质量的正向调节作用。

黄超(2017)首次将外部审计质量和公共企业(公司)社会责任信息披露质量联系起来共同进行研究,其以"深口袋"理论为出发点,研究国际"四大"会计师事务所面临诉讼风险更高的大环境,关注点更加聚焦于公共企业(公司)社会责任等不是财务方面的信息披露的状况,进而提高公共企业(公司)社会责任信息的披露质量,并且外部审计质量和公共企业(公司)社会责任信息披露质量之间的关系会由于市场化进程不同而在不同地区产生差异性。

赵秀云等(2018)通过研究发现,客户集中程度显著影响国有上市企业(公司)社会责任的披露质量,且这种影响是负向作用的。

郑冠群、徐妍(2019)通过研究发现,高管层为了实现个人利益而作出的对自己有利的决策行为产生了国有上市企业(公司)社会责任,国有上市企业(公司)高管特征(如薪酬激励、持股比例等)会对国有上市企业(公司)社会责任披露质量造成极大的影响,具体来说,国有上市企业(公司)高管层的任职期限特征会影响薪酬激励特征,从而影响对其社会责任信息披露质量,总经理一旦辞职离任,将会对国有企业(公司)责任信息披露质量产生反向作用,而其剩余任职期限时间会对国有上市企业(公司)社会责任信息披露质量产生正向作用;高管层持股比例、年薪收入与国有上市企业(公司)社会责任信息披露质量之间存在正相关。

2.4.2 关于社会责任信息披露经济后果的文献综述

关于社会责任信息披露经济后果,本书借鉴并梳理了以下国内外专家学者的研究经验与文献。

Anderson 和 Engledow(1980)认为公共企业(公司)外部投资者的投资意向会受到公共企业(公司)社会责任信息披露的影响。

Milne(2002)发现,尽管一家公共企业(公司)市场表现一般,但如果信息披露水平较高,则市场投资者仍然倾向于进行长期投资。

陈玉清等(2005),龚明晓、宋献中(2006)认为,披露社会责任信息并不会使投资决策发生显著的变动,目前社会责任披露对市场的重要性并不明显,且无论是其价值还是信息含量都普遍较低。

沈洪涛等(2011)认为,从提高国有上市企业(公司)声誉方面来看,国有上市企业(公司)积极披露非财务信息,是向外界传递国有上市企业(公司)健康良好的信号的表现,有助于提升国有上市企业(公司)的长期价值。

Dhaliwal(2011)通过研究发现,披露公共企业(公司)社会责任信息可以提升公共企业(公司)信息的透明度,帮助外界分析师准确了解公共企业(公司)经营状况,改善融资环境。

孙伟、周瑶(2012)研究了128家国有上市企业(公司),发现社会责任信息披露的程度与对股价波动率的抑制作用显著正向相关,其认为投资者可以通过披露社会责任信息来降低与国有上市企业(公司)内部人员之间的信息不对称。

朱敏等(2015)主要对国有上市企业(公司)社会责任报告与审计收费之间的关系进行研究,认为注册会计师审计风险和审计工作投入成本的增加主要是因为国有上市企业(公司)社会责任报告披露,并最终反映为审计收费的增加。

肖红军等(2015)认为社会责任信息披露水平与国有上市企业(公司)的资本成本之间显著负相关,需要提高信息透明度、降低信息不对称、获得超额收益、降低国有上市企业(公司)风险溢价。

李志刚(2022)发现自愿的信息披露行为能帮助市场更好的优化市场信贷环境。

王昌锐、邹昕钰(2016)认为,披露国有上市企业(公司)社会责任信息会对机构投资者的投资决策带来显著影响,且这种影响是正相关的。

彭雯、张立民(2016)认为,当国有上市企业(公司)社会责任的评分越高时,债务融资成本并不必然更低。

黄建元、靳月(2016)认为,国有上市企业(公司)迫于外界压力披露社会责任信息时会增加国有上市企业(公司)当期成本,通过实证研究发现,国有上市企业(公司)披露社会责任信息与国有上市企业(公司)的筹资成本与权益资本成本之间存在显著负相关。

陈恋(2017)认为,国有上市企业(公司)社会责任信息披露对权益资本成本所造成的影响会因为所处时期阶段而不尽相同,国有上市企业(公司)社会责任信息披露质量与权益资本成本之间的关系只有在成长期与衰退期时才是正相关的。该研究认为,作为一种不属于财务方面的信息的披露,国有上市企业(公司)社会责任信息披露也可以增加对经营活动产生的影响,并且减少国有上市企业(公司)的成本,使其取得更多外部投资的资金支持。

钱明等(2017)认为,披露社会责任信息能够使国有上市企业(公司)更容易获取外界的融资支持,降低国有上市企业(公司)自身的资金压力。

骆嘉琪等(2019)着眼于特定行业的财务绩效进行研究,发现国有上市企业(公司)社会责任的履行与披露行为越多,财务绩效的提升会越明显。

2.4.3　对以上文献的综合评述

通过梳理分析国内外相关文献可知,国有上市企业(公司)或公共企业受到政府审计的影响非常显著,但是从政府审计的角度出发对国有上市企业(公司)或公共企业社会责任信息披露质量进行研究的文献却不够丰富。尽管理论界和实务界都已经对政府审计的目标、内容、范围、功能作用等进行了相应的界定和解读,但是对国有企业(公司)受到政府审计介入的研究相对匮乏,其中很大部分研究又是围绕着政府审计的介入给国有上市企业(公司)带来的影响方面的研究核心往外扩散。现存的相关研究文献中,通过实证研究的方法对政府审计对国有上市企业(公司)社会责任信息披露质量带来的影响方面进行的考察并不多见。

从市场化程度和审计质量角度进行研究的相关文献无论国内还是国外都已经趋于成熟,但是调节市场化程度和外部审计质量成为相关变量,考察在不同的市场化指数、外部审计质量的情况下,政府审计对国有上市企业(公司)社会责任信息披露质量的影响是否存在差异的文献比较缺乏。在现代企业(公司)的发展过程中,其受到的影响不可能只是单一因素造成,而应是诸多因素协同发挥的作用,因此本书不仅要对政府审计对国有上市企业(公司)社会责任信息披露质量产生的影响进行研究,而且从外部的影响因素中分别选取了外部审计质量以及市场化程度这两个角度来进行深入研究。

2.5　关于企业(公司)社会责任与财务绩效关系的文献综述

无论是过去还是现在,学术界争论的焦点都是围绕着企业(公司)社会责任和企业(公司)财务绩效之间的关系,仅以经济和管理这两个大的研究领域举例不难发现,现阶段对其进行的研究已经比较系统,研究学者[包括企业(公司)伦理、战略管理、会计学、制度经济学等领域]也不在少数。本书借鉴和梳理了如下国内外专家和学者的研究经验与文献。

郑若娟、胡璐(2014)研究发现,早前的相关研究成果受到诸多不确定性因素(诸如行业、所有制、测量方法等)的影响,现阶段仍然没能发展成为被广泛接受的一致性结论,如图2.5所示,针对国有上市企业(公司)社会责任与财务绩效之间关系的研究结论出现过正相关性、负相关性,甚至有研究者认为两者无线性关系,以上观点有实证证据作为支撑,但相关争论仍在不断继续。举例来说,关于公共企业(公司)社会责任对其财务绩效造成的影响,不少学者认为这个影响是正向的,但一些以新古典主义经济学、委托代理理论为基础的学者认为国有企业(公司)的直接成本会受到社会责任实践的影响而增加,进而损害股东的利益,这会对公共企业(公司)价值产生不利影响。此外,已经有学者通过实证研究证明,国有上市企业(公司)社会责任与财务绩效之间相互影响,结果存在必然联系,而并不是单向的影响与被影响之间的关系。当然,还有学者提出了更为复杂的关系:即U型或倒U型的非线性关系。一直以来,对于相关问题的探索从未停止,至今仍在继续。一些间接因素往往会对公共企业(公司)社会责任与财务绩效间的关系造成影

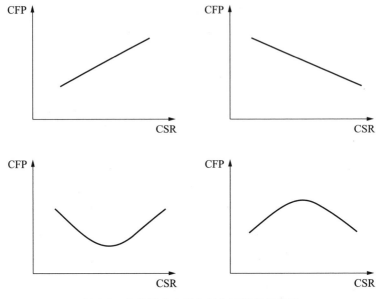

图 2.5 企业社会责任与财务绩效关系分类

资料来源：作者自行整理。

响，这个现象已被越来越多的研究者所认识。有的学者通过研究发现，社会责任认知、期望和实践会因为制度、阶段、社会因素存在的差异而不尽相同，这个结果从而进一步会影响到财务绩效，使其也会差异化。比如，实证研究的结果表明，国有上市企业（公司）社会责任与顾客满意度的关系能够受到国家制度背景和社会大环境所起到的正向调节作用的影响。

Ahmadi 等（2017）通过实证研究，认为银行业的净资产收益率（ROE）与国有银行社会责任之间存在相关关系，且这种关系是正向的，结果表明金融危机前大型国有银行往往因缺失社会责任而处于社会舆论批评的中心，但在金融危机后，国有银行积极进行社会责任活动，以此促进了国有银行从经济危机中复苏。

Balte 和 Pavel（2019）通过实证研究证明了广告强度、市场发展程度对公共企业（公司）慈善与财务绩效之间的关系存在正向调节作用。

作者在通读文献并梳理后发现,公共企业(公司)对社会责任的实践与认知会因为制度背景、经济政治环境的差异而受到影响并产生差异,从而对其自身未来的期待和展望也各有差异。

以往对公共企业(公司)社会责任与公共企业(公司)财务绩效关系这一议题的研究主要集中在西方发达国家,在此背景下得出的研究结论对中国国有上市企业(公司)是否具有借鉴作用尚需进一步验证。

Friedman(1986)立足于新古典经济学家的立场,研究认为公共企业(公司)社会责任成本可有可无,公共企业(公司)利润的减少和利益相关者利益缩小化不利于公共企业(公司)竞争地位的提升。而根据代理理论的观点,如果将数量本身就不多的资源投入到公共企业(公司)社会责任活动中,那么给股东带来的将是管理收益,而不是财务收益。

Robert 等(1998)认为,根据工具利益相关者理论进行研究可能可以把公共企业(公司)社会责任与财务绩效之间的关系证明清楚。以利益相关者管理理论为理论工具可以对盈利的多少进行预测。优质管理理论也可以对公共企业(公司)社会责任与财务绩效之间存在的正向关系进行解释和说明,从其本质来看,优质管理理论是利益相关者理论的另一种表述方式,它更多强调与利益相关者保持沟通,以建立公共企业(公司)声誉,能获取并有效利用公共企业(公司)发展必须的内外部资源,并将其转化为公共企业(公司)竞争力,促进企业财务绩效的提升。

资源基础观理论将公共企业(公司)社会责任视作一种无形资源,这对公共企业(公司)的竞争力至关重要,这种无形资源难以在较短的时间内被获取和积累,竞争对手也很难效仿。为与公共企业(公司)利益相关者获得并长期维系良好的纽带关系,需要长期投入精力与资金,这种纽带将提升公共企业(公司)竞争力,并帮助企业创造经济价值。

Husted(2010)立足于资源基础观,认为公共企业(公司)的内外部环境和社会战略可以通过战略性社会规划和社会定位的方式做到相互匹配,从而为公共企业(公司)创造经济价值。

Mc Williams(2017)概述了公共企业(公司)社会的资源基础观框架作为差异化战略的部分,并以此为基础搭建了利润最大化公共企业(公司)社会责任模型。通过利用该模型,管理者可以分析成本效益,并对公共企业(公司)社会责任活动的资源水平高低进行判断,直至达到边际成本与边际回报平衡点。研究认为,公共企业(公司)社会责任活动投资与公共(公司)利润之间具有显著正相关关系。

邓雨欣(2019)指出,随着"绿色经济""环境友好型经济"的提出,国有上市企业(公司)社会责任越来越受到关注。国有上市企业(公司)作为社会组织,是以盈利为导向的,利益相关者首要关注的问题是财务绩效(CFP)会受到社会责任的履行的影响程度。而针对企业社会责任和财务绩效间关系进行的研究,已经从最开始的简单研究,逐步发展变为对国有上市企业(公司)社会责任对财务绩效的影响机制的研究,即在两者间加入调节变量。

2.6　关于国有上市企业(公司)改革与社会责任的演进

在现阶段中国特色社会主义大环境下,中国国有企业(公司)所具有的经济控制力和社会影响力非常显著。Wang 等(2009)指出,国有上市企业(公司)肩负着中国国有上市企业(公司)社会责任的领军任务。中国采取的方法既不同于美国的市场驱动模式,也不同于欧盟的关系模式,而是以国家为主导力量对国有上市企业(公司)的社会责任发展起到推动作用。

随着逐步深化改革的过程加快,国有上市企业(公司)通过采取多种改革战略,诸如公司化、重组和市场开放等,使生产效率在原有的基础上得以提升，取得了显著的经济绩效成果。

1996—2007 年间，从中国国有上市企业（公司）披露的财务报告的数据中得知，平均净资产收益率一路上升，从 2.2％上升至 15.7％，但于 2009 年下降至 10.9％。2003—2011 年间，中国国有上市企业（公司）的净利润显著增加，从 3 200 亿人民币增加至 1.9 万亿人民币，平均增长率为 25.2％。尽管如此，国有上市企业（公司）仍然面临经济和社会力量等动态变化而带来。因此，追求经济增加已经不再是国有上市企业（公司）的发展目标，而是要兼顾促进经济增长与社会和谐协同发展。

通过对以上文献进行分析发现，在获取资源和获得政策支持的方面，国有上市企业（公司）先天处于有利的形式，并且在配置社会资源、为社会公共提供服务和对社会公共的需求进行满足等方面具有不可替代的作用。因此，相较于一般企业（公司）的社会责任，国有上市企业（公司）存在一定的特殊性。

首先，国有上市企业（公司）对政府要负担较高责任。其次，社会公众对国有上市企业（公司）关注程度较高，期望也较大，所以我国国有上市企业（公司）在社会责任中，更能发挥公益性和平衡性作用。除此之外，国有上市企业（公司）积极履行社会责任的行为会成为一个良好示范，对其他所有制企业（公司）产生引领效应。

不论是学术界还是公众，对国有上市企业（公司）履行社会责任的行为的认知，大部分还停留在"政治要求或社会压力"等观点上，而忘记考虑资源的约束和市场存在竞争等诸多制约条件所产生的影响。由于当前研究大部分是以美国市场或欧洲市场展开，虽然研究结果表明所有制结构与企业（公司）社会责任之间存在相关性，但国有上市企业（公司）的资源特点与所受到的约束条件容易被忘记，据此对国有上市企业（公司）社会责任与财务绩效进行讨论的实证研究并不多见。所以，中国特有的市场和制度环境给国有上市企业(公司)的社会责任和财务绩效之间关系的检验证明提供了绝佳的机会。

在计划经济时期,国有上市企业(公司)需要按照国家下派的指令完成任务,由于其剩余索取权和剩余控制权受到了自主权限制,工作效率低下。与此同时,公共社会福利保障也需要由国有企业(公司)作为主体进行提供。细化到更具体的方面来说,国有企业(公司)不仅要为员工提供终生的社会福利,甚至还需要保障员工家属的生活(如提供医疗、教育、生活等配套设施)。这种方式导致国有上市企业(公司)所承担的福利超负荷,社会成本过大,生产经营效率低下。中国国有上市企业(公司)改革进程中企业社会责任的演进如下。

1979—1992年间,国有企业(公司)开始被赋予更多的自主权和商业性,开始以利益为导向。

1992—2002年间,国有上市企业(公司)改革以实现现代化为目标,逐渐从政府体系中脱离出来。

2003—2012年间,国有资产监督管理委员会由国务院成立,这是国有上市企业(公司)改革正式迈入第三发展阶段的标志。此后政府的职能也具有双重性,不仅是投资者,还有国有资产的所有者。在国家战略和支柱产业领域内,国有上市企业(公司)分布更加密集。由于市场体系尚未发展完善,在这种情况下,即使大量国有上市企业(公司)已经转变为上市公司,但政府仍然掌握着国有上市企业(公司)相当大部分的所有权和控制权。在将重要资源分配下发给国有企业(公司)时,中央、各级政府所选择采取的方式仍然离不开补贴、许可证和项目批准等。正因如此,国有上市企业(公司)社会责任方面存在的欠缺。在此之后,政府明确指出,公司要遵守的不仅仅是法律和行政法规,社会道德和商业道德也同样重要,同时,政府颁布了企业社会责任原则。研究者们发现,中国大部分的企业(公司)社会责任都依赖于政府的引导作用和社会的驱动,学者们围绕着这一研究发现展开了激烈的讨论:国有上市企业(公司)社会责任到底是"窗展示"的工具,是建立健全信誉和合法性的交流工具,还是结构性的重要变革。

2013—2021年间,国家对原有的发展战略作出了调整,由仅仅以经济快速发展为目标转变为促进经济、社会和谐共同发展。社会责任国家标准正式出台后,不同行业和地区有关履行社会责任的指导意见也相继出台,企业(公司)与国际组织间的社会责任活动也日益增多,往来逐渐密切。国有企业(公司)已经开始具备"利己又利他"的意识。企业(公司)要同时兼顾经济利益与社会利益。国有上市企业(公司)已经逐步将社会责任理念贯穿于日常经营管理过程,镌刻进企业(公司)战略,使范围更为广泛的利益相关者能够从社会责任中得到好处。现阶段,国有上市企业(公司)社会责任已经在国有企业(公司)改革、"一带一路"倡议等国家诸多政策的实施方面发挥了重要作用,产生了深远影响。

3 理论分析与研究假设

3.1 研究基础理论

3.1.1 公共受托经济责任理论

提到审计的诞生,就绝不能忘记受托经济责任关系的促进作用。审计学家理查德·布朗(Richard Brown)(1968)认为:会计行业的发展过程伴随审计行业的崛起。随着市场经济的不断发展,成熟的上市企业(公司)需要委托具有专业能力的人进行资产管理,于是对于涉及自身利益管理行为的监督应运而生。由于企业的所有权和经营权相分离,在股份制企业中财产的持有者需要监督经营活动,因此会委托专门机构或人员对其工作执行情况进行检查,审计便由此产生。

从实质上看,现代政府审计的受托经济责任究其本质,其实是一种公共受托经济责任。由此可见,无论是政府部门还是国有上市企业(公司),都承担着管理和经营公共财产的经济责任,而政府审计就是以监管机构的身份对其经济行为进行审计,保证公共受托经济责任得以履行。

中国政府扮演了对公共财产进行管理的角色,肩负公共受托经济责任,而国有上市企业(公司)作为国民经济的命脉受托管理国家资产。出于对国家和人民利益的保护,国有上市企业(公司)的经营应当受到更多的监督和制约,应通过政府审计对国有上市企业(公司)的经营进行监管,确保国有上市企业(公司)正常运行和发展,进一步保障国有上市企业(公司)资金的安全,对国有资产的流失做到预先防范。

《利马宣言》(Lima Declaration)指出,人民群众是政府获得资金的主要来源,因此对政府资金进行管理的活动体现了受托责任更具体的履行方式,而对此进行政府审计可以公正地评价并更好地促进政府资金的管理活动。在公共受托经济责任中,受托机构对受托资产负有管理到位的责任,并且还负有向财产所有者汇报资产管理情况的责任。由于该行为主要受用于政府财务管理活动,因此被进一步界定表述为受托经济责任。

Paulsson(2012)从新公共管理理论出发重新定义了政府审计职能,他指出政府审计能够促进国家治理水平的提高。在社会主义制度和人民代表大会制度下,国有资产归属于全国人民,实际上,不管是中央政府还是地方政府对国有资产开展管理工作时都代表人民群众,政府并不是国有资产实际的拥有者。国有经济在中国市场经济中占据的位置非同一般,政府公共受托责任的履行情况与国有经济的关系非常显著。虽然中国政府会按年发布政府工作报告,将当年政府工作内容和成绩效果进行公开公示,但人民代表大会无法直接评价受托经济责任履行情况的效果,因此政府审计工作可以很好地作为补充,用来评价包括公共企业(公司)在内的公共受托经济责任。

Barbetta 等(2015)择取了一部分归属于意大利的地方政府能源建设的相关数据进行了实证研究,研究结果显示,政府审计的介入能够在原有的基础上提高地方政府能源建设效率。但在实际管理的过程中,或受自身管理水平限制,或受物质利益引诱,受托机构对受托资产的管理可能存在瑕疵甚至重大失误,财产人汇报管理可能存在失实甚至是欺瞒,譬如受托资产保值增值效果差、被用于与委托方意向不符的方面、被用于为其他方谋利等。由于委托人不参与受托资产运营活动,使得他们处于信息劣势,这样即使出现上述情况,委托人也可能无法及时获悉,从而使得受托资产运营管理发生混乱,委托人自身的利益受到无间隔的损害。为了避免上述情况的发生,保证委托人合理合法的利益,作为外在监督机制的政府审计应运而生,被用来评价和监督受托人的受托资产运营活动的效率以及与委托人的利益相符合程度。政府审计也是基于上述目的产生的。它仍然鉴证着企业的受托责任履行情况以便提供合理保证,这里的企业特指国有上市企业,国有上市企业(公司)资产本质上由国家进行管理,因此政府受托责任的根本仍然是经济受托责任。

3.1.2 政府审计免疫系统论

在中国,国务院对政府审计机关直接进行领导,政府审计机关拥有宪法所赋予的绝对独立性,在中国政府审计机关开展审计监督就是在行使其法定权利,且不受政府机关、社会团体和个人的干涉。中国政府审计最初定位于"经济监督",即发挥经济监督的功能以实现维护整个社会经济秩序、提高经济管理效果。在此之后,中国学术界关于政府审计的职能提出了若干种观点,其中两种最为主流的观点就是经济监督和控制。

蔡春等(2012)指出,审计究其本质就是一种经济控制手段,且以受托经济责任为理论基础。因此政府审计归根结底应当是"经济控制",即发现经济运行中的问题并及时纠偏。刘家义(2012)将经济监督和经济控制两种观点结合起来,并在此基础上提出了与政府审计职能相关的免疫系统论。

对经济社会运行政府审计具有的功能有三个:第一,"事前"预防功能,即利用审计手段在出现有损经济运行的有关情况之前及时发现问题,防患于未然,实现方式一般是审计机关在自身职责和管理权限内制定经济活动的一系列制度规范和机制,或是给有关方面提出建议,以指导或引导经济活动的开展。第二,"事中"揭示功能,即依据经济活动中涉及政府审计工作的有关管理制度和机制,对整个经济活动过程进行监督和控制,对可能会对经济活动管理秩序造成阻碍的各种违法违规行为或是体制机制中存在的缺陷漏洞进行及时地揭露并采取相关措施,能够在最大程度上降低或消除不利影响,保障经济活动能够有序开展。第三,"事后"抵御功能,审计机关利用政府审计工作对经济活动进行事后评价,总结经验教训,举一反三,进一步完善相关制度机制,促进经济社会良性发展,并与"事前"预防衔接,形成政府审计保护经济社会发展的闭环系统。

刘家义(2012)指出,政府审计的"免疫系统"功能是国家治理的具体表现之一,它能够在一定程度上满足中国政府行政和国有资金管理的需求。免疫系统论很好地对政府审计"免疫功能"的内部关系做了相应的阐述。政府审计实践中,政府审计的三大功能相互作用,不存在独自发挥作用,或是有轻重先后之分的情况,三者缺一不可。如果不存在揭示功能作用的发挥,那么抵御功能和预防功能也就不会存在,如果是这样的话,政府审计人员在进行工作时无异于盲人摸象;没有抵御功能的发挥,对问题资金的揭示将会成为无用功,政府审计政策建议也会成为一纸空文;如果不存在预防功能作用的发挥,那么揭示和抵御的审计效应也不会因此在原有的基础上得到巩固,并且不会被加强。综上所述,要想使政府审计资源的配置达到最优化的效果,离不开政府审计"免疫功能"作用的协作发挥。

纵观政府审计的这三大功能,作为基础的是揭示功能,它也是现阶段政府审计人员在政府审计工作中所做最多的。然而,要想被审计单位在现在基础上提高政府审计的效率,需要发挥预防功能。揭示问题是容易的,但对问题的揭示和处理处罚主要针对的对象是个体,而且政府审计效应的时效短,制度根本性问题得不到解决,也就是说,揭示和抵御功能只能实现"治标"。"治本"则离不开政府审计预防功能的发挥,这是政府审计人员的职责所在。

3.1.3　信号传递理论

Spence(1974)指出,信号传递理论最先出现在西方的金融资本市场中,为了优化市场配置,可信的手段是公开股利公告。股利公告的公开有助于社会各界了解公共企业(公司)的发展情况,起到了盈利的预告作用。这一理论同样适用于国家治理体系。国家处于信息的优势方,而社会公众是信息的劣势方,国家审计发挥的作用便是将优势方的信号传送到劣势方,是一项有效的信号传递机制。经过审计后的财务信息在原有的基础上更大限度的具备了可靠性、可信性、可使用性,这降低了非对称信息条件下处于劣势地位的一方所承担的信息风险。良好的信号传递手段能在一定限度上缓解传递过程中的逆向选择问题,同时使信号传递的成本在原有的基础上得以降低。理论上讲,各国的政府审计机关是独立的、不可替代的,但实际上,审计作为信号传导机制存在其他替代品。当审计不能提供高质量的信号传导通道时,随时有可能被其他监督机制替代。正因如此,政府审计机关会为了在现有的基础上提高政府审计的质量而不断作出努力。

政府审计职能的扩充和完善、政府审计产品的创造、政府审计技术的革新等手段可以提高政府审计能力,使国家的财政信息的可信性在原有的基础上得到加强,确保能够使信息接收方满意。为了加强对政府审计在信号传递过程中的位置和发挥功能的途径,在信号传递过程中,受托经济责任理论和免疫系统论都在其中得到了解释。发挥政府审计"免疫功能",可加强信号传递的可信度。政府审计功能以及其发挥的作用在这个系统中分别对应的是效力和效果，"效力"是指那些想要使某些特定效果得以实现而作出的努力，映射到政府审计中，指的是为实现审计效应，政府审计所作出的努力，这部分效力可用一些指标进行量化，举例来说，就是在一个审计年度内政府审计机关揭示的审计问题数量、审计问责涉及的单位数量，以及涉及的人员量、审计移送司法机关的次数及金额数量、给被审计单位提供的审计建议的数量等。"效果"是一个效力的外化，在政府审计中，我们以审计效应表示审计的效果，审计效果有几种，如震慑违法违规人员及行为、增强财政透明度、增强合规性与合法性、提高效益、反腐倡廉、完善制度法规等。另外在信号传递的过程中，审计对信息的处理对象来说是信息优势方，也就是政府审计对政府发挥审计效应时具有"延迟性"，这是由政府审计的特性决定的。

3.1.4　寻租理论

Tullock(1967)首次提出了"寻租"概念，是寻租理论的最早起源。他认为使用完全竞争理论对偏离竞争的社会福利进行分析，如果在假设竞争寻租的条件下，其值将会比正常值小得多。

Krueger(1974)正式提出寻租这个概念，他基于先前学者的观点，提出由于竞争寻租活动将会负向影响社会，因此在进行理论分析时必须将寻租囊括在考虑过程以内。

寻租理论(rent-seeking theory)的源头是寻租活动，并由其发展而来。政府通过运用自身的权利。对公共企业(公司)的经营状况进行干预，从而对资本市场的正常运行造成影响，使一小部分公共企业(公司)能够获得远超规定的收入(租金)的局面，追求这种远超规定的收入行为的本质就是寻租。所以,寻租活动也是指那些公共企业(公司)寻求对社会已经得到的经济利益进行再一步分配的活动,其具有三个特点:第一,该类活动使资源配置的效率在原有的基础上降低,对刺激社会生产造成不利;第二,该类活动将经济资源用在寻租上,在很大程度上不能满足公共企业(公司)的期望,从而造成资源浪费;第三,该类活动有可能会造成一种非良性的循环,进而诱发其他层次的寻租活动。在政府运用自身的权利对市场进行干预的情况下,一些公共企业(公司)由于市场进入以及竞争的困难,往往会为了取得期望的效果而进行寻租活动。这也证明了如果寻租活动想要存在,国家的经济环境以及对市场进入和竞争进行限制是最首要的条件。根据寻租理论,公共企业(公司)的寻租活动会降低资源配置效率,产生经济资源浪费,导致社会财富不能公平分配,干扰市场经济的发展。寻租行为会导致腐败产生。租金对政府官员产生诱惑,使其与寻租企业共同参与腐败,租金与寻租诱惑正向相关,腐败程度也会因此受到影响。这也给研究政府改革以及腐败治理效果等问题提供了理论依据。

3.2　关于政府审计介入对国有上市企业(公司)绩效影响的研究假设

3.2.1　关于政府审计介入与国有上市企业(公司)绩效的研究假设

政府审计机关依照法律以及有关规定,对国家财政经济活动实施监督。审计国有上市企业(公司)的财政活动并进行监督,以确保企业(公司)合理、合规的进行其经济活动,使其经济效益在原有的基础上得以提高,这是政府审计履行其职能和定位必须要做到的。根据免疫系统论,政府审计的预防、揭露和抵御三个功能均能够作用于国有上市企业（公司），并对其经济活动产生影响。

一方面，政府审计可以优化国有上市企业（公司）外部经营、制度环境，促进其经营活动的发生。

其一，政府审计的主要目的是监督政府、企事业单位财政资金的使用情况以及揭露其违法行为并督促相关部门、人员整改，这从根本上预防了腐败的产生，进而可以在现有的基础上对当前国有上市企业（公司）制度环境进行改善，对其经济活动产生促进作用。

其二，政府审计可以通过推动技术创新、改善产业结构、进一步优化资源配置的效率，对地区经济发展起到推动作用，进而可以改善国有上市企业（公司）的外部经济环境，对其经济活动产生促进作用。

另一方面，政府审计通过监督、揭露，督促国有上市企业（公司）的财政经济活动健全改善国有上市企业（公司）内部管控以及国有上市企业（公司）的经营管理，对其经济活动产生促进作用。

其一，依照受托经济责任理论来看，政府审计的揭示职能可以更好地监督国有企业（公司）受托经济责任的履行情况，提高国有上市企业（公司）信息的透明度与可靠性，影响并推动国有上市企业（公司）作出正确的、适合自身发展的决策。

其二，政府审计的预防职能有助于国有上市企业（公司）识别经营风险、控制风险的爆发并且完善风险管理，对其经济活动产生促进作用。

其三，政府审计机关对国有上市企业（公司）就资金使用、企业内部管理、项目实施效率等方面进行审计，有助于揭露国有企业（公司）经营中存在的问题，进而督促其整改，对完善国有上市企业（公司）内部控制、优化国有上市企业（公司）经营具有促进作用。

其四，政府审计可以通过缓解政府干预程度的方式，在一定程度上降低国有上市企业(公司)的代理成本,进而推动企业创新投入,改善治理效率。

综上所述,借鉴以往专家和学者的经验,在此提出第一个假设:

假设1:政府审计可以促进国有上市企业(公司)绩效的提升。

3.2.2　关于地区腐败与国有上市企业(上市)绩效的研究假设

腐败问题会造成社会经济资源浪费,进而扭曲国有上市企业(公司)与政府资源配置,从而对国有上市企业(公司)发展产生不利影响,降低国有上市企业(公司)公司经营效率。

首先,腐败使国有上市企业(公司)管理层与股东之间的矛盾更加突出,增加国有上市企业(公司)代理成本。根据委托代理理论,国有上市企业(公司)管理层作为国有上市企业(公司)代理人,其利益与国有上市企业(公司)的拥有者股东不同,他们之间存在明显的信息不对称。国有上市企业(公司)经理人或者股东为了实现自己的利益最大化参与腐败,会增大国有上市企业(公司)发展过程中的经营与法律风险,从而损害其他利益相关者的利益。因而腐败行为一方面会增加国有上市企业(公司)的运营风险;另一方面会造成国有上市企业(公司)的代理成本增加,恶化国有上市企业(公司)的治理效率。

其次,腐败行为会减弱市场经济、产品市场竞争等外部市场的监督作用,对国有上市企业(公司)长期发展不利。经过研究发现,外部法律、经济环境与国有上市企业(公司)的经济效益之间具有密切关系,且这种关系是正向的。从而改善国有上市企业(公司)依靠投资来带动发展的现象,通过降低融资约束,可以在原有的基础上加快国有上市企业(公司)的投资效率。

再次,腐败能够对国有上市企业(公司)股权的集中程度造成影响。国有上市企业(公司)股权越集中,股东层的权利越大,越容易为了自己的利益产生寻租行为,腐败的程度越高,代理成本就越高,对国有上市企业(公司)经济活动产生负向影响。

最后,腐败问题会使国有上市企业(公司)管理层的选拔过程不断恶化。相比其他管理层,腐败人员获得提拔的机会增加。行为经济学认为人的思想与行为受外部经济、制度环境的影响,国有上市企业(公司)绩效以及个人绩效都会影响个人的思想决策,产生腐败动机。国有上市企业(公司)决策层可能因为薪酬以及绩效等原因而选择进行腐败行为以达到晋升的目的,国有上市企业(公司)的公司治理将会因此面临更大的挑战。基于以上分析,借鉴以往专家和学者的经验,在此提出第二个假设:

假设2:地区腐败行为可以降低国有上市企业(公司)绩效。

3.2.3 关于政府审计、地区腐败与国有上市企业(公司)绩效的研究假设

政府审计究其根本就是对受托经济责任履行结果进行监督的一种过程。政府审计可以有效地消除对国家经济运行的冲击;为社会的健康发展扫清障碍。另外,风险预防也是其职能之一,腐败治理是政府审计所肩负的国家所赋予的责任。从"免疫系统理论"的角度来看,政府审计具有预防、揭示和抵御三种职能。第一,政府审计对国家财政经济活动进行监督,它独特的强制性与权威性能够对政府和企事业单位产生威慑作用,从而提高有关人员运用权力的正当性与合规性,提高国家的治理效能,从根源上防止腐败。基于"理性经济人"假设,对国企(公司)和单位的财政活动进行监管是政府审计的一项重要职能,它能有效地约束有关主体的自利行为,防止国有资产流失。第二,政府审计通过对有关主体的审计,反映并披露被审计

单位是否有违法、违纪等问题,并对其进行监督。政府审计的揭示力和处罚力可以更好地揭露腐败问题。第三,政府审计通过健全制度,规范运行机制,提高防范风险的能力,有效地提高了国家对腐败的治理效能。张俊民、张莉(2014)指出,健全我国政府审计体制,使其能够更好地发挥国家治理的"免疫系统"作用。而腐败问题会造成社会经济资源浪费,扭曲企业(公司)与政府资源配置,对国有上市企业(公司)发展产生不利影响。一方面,腐败使国有上市企业(公司)管理层与股东之间的矛盾更加突出,增加国有上市企业(公司)代理成本。腐败行为不仅会增加国有上市企业(公司)的运营风险;也会增加国有上市企业(公司)的代理成本,降低国有上市企业(公司)的治理效率。另外,腐败行为会减弱市场经济、产品市场竞争等外部市场的监督作用,对企业(公司)长期发展不利。另一方面,腐败问题会影响国有上市企业(公司)管理层的选拔,相比其他管理层,腐败人员会增加获得提拔的机会。国有上市企业(公司)决策层可能因为薪酬以及绩效等原因而选择进行腐败来达到晋升的目的,这会为国有上市企业(公司)治理提出更大的挑战。公共受托经济责任与政府审计相辅相成,公共受托经济责任能够促进政府审计的完善。完善的政府审计能够在积极履行国家赋予的责任的同时,更好地监督、审查公共受托经济责任的履行情况。政府审计机关在媒体与公众的监督下不断完善制度体系,规范运行机制,提升腐败治理效率。根据以上分析,借鉴以往专家和学者的经验,在此提出第三个假设:

假设3:政府审计可以通过抑制地区腐败促进国有上市企业(公司)绩效的提升,即地区腐败在政府审计与国有上市企业(公司)绩效提升中扮演着中介作用。

3.3 关于政府审计对国有上市企业(公司)社会责任信息披露 质量影响的研究假设

3.3.1 关于政府审计对国有上市企业(公司)社会责任信息披露质量 影响的研究假设

公司经营权与所有权的分离而产生的委托代理关系,使双方存在利益与信息的不对称,从而产生了许多矛盾。不管是代理人的角度,还是从委托方的角度来看,都需要第三方审计机构不偏袒任何一方,对其资质和业务水准进行客观的评判,平衡两者之间的利益,所以根据委托代理理论,政府审计工作作为无偿服务,是代理人和委托人将风险转移的一种做法。

黄超(2017)通过分析审计对国有上市企业(公司)社会责任信息披露质量的影响机理,从信息不对称理论和"深口袋"理论出发,探究了国际"四大"会计师事务所对公共企业(公司)社会责任信息披露质量的影响,结果发现经过国际"四大"会计师事务所审计的公共企业(公司)显著提升了公共企业(公司)社会责任信息的披露质量。

王兵、王璐(2014)认为相比民间审计,政府审计在规范国有上市企业(公司)经营管理方面更能发挥巨大优势。首先政府审计与被审计单位并不存在利益关系;其次政府审计涉及的内容要比民间审计多,并且力度也相对较大,最后对于披露的违法违规行为,有权要求国有上市企业(公司)进行及时纠正。

国家审计是国家治理体系中不可或缺的一项基础性制度安排。站在国家治理的角度来看,国家审计处于国家治理这个大环境之下,它是国家治理的一项重要组成部分,政府审计更多是将国家治理的需求作为行动目标,并同时承担起相应的责任。政府职能是国家治理的载体,如果想要达到预期的治理目标,必须履行相应的政府职能。所以,国家审计遍布经济安全、政治民主、社会和谐以及资源环境保护等国家治理的方面,并起到影响作用。在中国经济高速发展的背景下,随着国有企业(公司)发展而日益严重的社会问题,国家与社会越来越关注国有上市企业(公司)社会责任履行与披露,重大的社会责任缺失将会直接影响国有上市企业(公司)的经营状况,在极端情况下,甚至会影响国有企业(公司)持续经营能力,导致国有上市企业(公司)破产,这促使审计机构越发重视社会责任等重要非财务信息。因此,无论民间审计还是政府审计都日益关注国有企业(公司)社会责任履行情况,国有上市企业(公司)社会责任质量越低甚至出现缺失,会直接影响国有企业经营状况,使国有上市企业(公司)面临严重的经营风险,进一步影响国有上市企业(公司)的财务状况。所以政府审计在审计过程中会多加了解与审验被审计国有上市企业(公司)社会责任的状况,从而倒逼和促进国有企业(公司)社会责任的履行与披露。由于政府审计时间持续较长、审计内容较多等特点,政府审计对国有上市企业(公司)社会责任信息披露质量的影响存在一定滞后性。借鉴以往专家和学者的经验,在此提出第四个假设:

假设4:政府审计能够提高国有上市企业(公司)社会责任信息披露质量,并且该影响具有一定滞后性。

3.3.2　关于不同市场化进程下政府审计对国有上市企业(公司)社会责任信息披露质量影响的研究假设

樊纲(2006)认为,市场制度作为调控和维护经济环境的重要因素之一,影响着政府、企业(公司)等多方机构。受地域影响,中国的区域经济发展存在较大差异,在沿海沿江流域,经济发展中的市场因素占比要高于其他地区,这一差异在经济不发达的地区中尤为明显,不均衡导致市场制度在不同地域中存在极大差异。

周中胜等(2012)基于压力理论,认为在市场化程度较高的区域往往存在着较为完善的法制体系。国有上市企业(公司)在履行社会责任时,会有更明确、具体的相关规定,其会承担更多的社会责任。

徐尚昆(2012)认为,随着市场化程度的提高,国有上市企业(公司)的现代管理制度越来越完善,国有上市企业(公司)将更多地关注其文化内涵的发展以及道德伦理层面的和谐,在追求国有上市企业(公司)的价值时,也更倾向于以社会责任为代表的多元化价值观,这将促进国有上市企业(公司)更主动地履行社会责任。

李正等(2013)认为,市场化程度较低的地区,法律法规也相对不健全,国有上市企业(公司)的违法的成本相对较低,在生产安全、环境保护以及维护员工权益等方面往往还会知法犯法,以十分低下的积极性履行社会责任。

杜颖洁、杜兴强(2014)认为,随着市场化程度的提高和媒体的发展,国有上市企业(公司)的 CSR 活动将会受到更多的关注,并得到更多的媒体报道,从而更有动力披露更高的国有上市企业(公司)社会责任信息,从而达到将国有上市企业(公司)的良好形象传达给大众的目的。

张正勇、戴泽伟(2017)认为,政府审计作为外部监管机构对国有上市企业(公司)社会责任信息披露质量具有正向促进作用。

国有上市企业(公司)所处地区的市场化进程差异是否对政府审计的治理效果产生影响呢? 本书基于不同地区市场化进程差异进行进一步分析、探讨,探究市场化进程的差异可能对政府审计效果的影响。在上海、广州、深圳等这种市场化程度高的区域拥有更为完善的法律法规制度,市场竞争更为公开透明,国有上市企业(公司)披露的责任信息也更为透明化,可信性更高。可以更好的保护投资者并且维护企业健康、良好、公开透明的财务制度。借鉴以往专家和学者的经验,基于以上分析,在此提出第五个假设:

假设5:在其他相关条件一定时,相对于市场化水平低的地区,政府审计对国有上市企业(公司)社会责任信息披露质量的正向作用在市场化水平高的地区更明显。

3.3.3 关于不同审计质量下政府审计对国有上市企业(公司)社会责任信息披露质量影响的研究假设

张文慧(2010)经过分析后认为,在不同的审计形式下,审计技术差别不大,这也为各种类型的审计形式之间的协同提供了依据。然而,各种审计形式的性质与目的各不相同,其产生的背景、历史演变、承担的责任也各不相同,因此三种类型的审计形式可以相互补充,从而更细致、更多角度地发现问题,更好地发挥监督权力。因此,在审计过程中国家审计的效率得到有效的提升,同时也能有效地弥补资源缺乏问题带来的弊端。

王会金(2013)根据对协同理论的研究指出,政府审计协同其他审计共同发力,已经对国家审计和民间审计系统的关系上做出了讨论,他从联合治理角度出发,将国家审计协同民间审计的"框架概念"的部分要求、一些要点进行了全面分析和深入地解读,他认为将战略整体高度和管理具体层面结合起来才是系统的协同应当做的,并辅以周密细致地具体操作的考量。要想高质量地实现国家审计的协同,整体高度和细节操作必须同时发力,二者缺一不可。例如,政府审计对国有上市企业(公司)社会责任信息披露质量的把控依赖于民间审计的要求。

黄超(2017)进一步认为,国际"四大"会计师事务所的审计显著提升了企业(公司)社会责任信息披露质量。对于民间审计来说,要从"深口袋"理论出发,他还指出,与非国际"四大"会计师事务所审计相比,国际"四大"会计师事务所审计面临更高的诉讼风险,承担更大的投资者损害赔偿责任。因此,其会执行更严格的审计程序,在提高财务信息披露质量的同时,也会使社会责任信息的披露质量得到显著提升。近年来,中国审计损害赔偿责任也逐步建立。因此本书在此提出第六个假设:

假设6:在其他相关条件一定时,相对于非"四大"会计师事务所组,政府审计对国有上市企业(公司)社会责任信息披露质量的正向作用在"四大"会计师事务所组中更明显。

3.4 关于国有上市企业(公司)社会责任对财务绩效影响的研究假设

3.4.1 关于国有上市企业(公司)社会责任对财务绩效影响的研究假设

国有上市企业(公司)社会责任与国有上市企业(公司)财务绩效的关系一直备受争议。即使很多学者已经采用了不同的衡量指标和测量方法,并从不同的理论角度出发对两者间的关系进行了理论解释和实证检验,但研究结果却存在差异。其中,大多数学者得出的研究结论为国有上市企业(公司)社会责任是正向影响财务绩效的。学者们从不同的理论视角(利益相关者理论、资源基础观、战略性企业社会责任等)出发,得到理论解释以及实证证据。与此同时,部分新古典主义经济学家和基于委托代理理论的研究认为公共企业(公司)履行社会责任将增加该企业(公司)的直接成本,减少股东的利益,不利于该企业(公司)财务价值的提升。当然,也有极少部分观点认为公共企业(公司)社会责任和财务绩效不相关。有的学者在实证研究中发现了两者更为复杂的 U 型或倒 U 型的非线性关系。

经过对于以往文献的研究,我们不难发现,两者间关系研究的结论存在差异的重要原因就是情景因素。已经有研究者们验证了不同情景因素对两者关系的影响,这些情景包括行业特点、所有制性质、动态环境和制度环境等。但大多数研究都是基于西方发达国家的社会环境,而这些国家不论是在市场环境、法律制度还是社会责任管理体系方面与中国都有显著区别。

而基于中国情景的国有上市企业(公司)社会责任与财务绩效关系的研究近几年才刚刚起步,所选取的研究样本也没有具体到特定的行业和所有制企业(公司)。由此,本书试图在中国国有上市企业(公司)改革进程中,以国有上市企业(公司)为样本,基于利益相关者理论的角度研究讨论国有上市企业(公司)社会责任影响财务绩效的潜在机制。

利益相关者是与国有上市企业(公司)经营目标密切相关的群体,是国有上市企业(公司)社会责任活动的重要参与方,为国有上市企业(公司)投入专用性资本并承担了国有上市企业(公司)的经营风险。所以,利益相关者必然要求取得投入国有上市企业(公司)价值创造中资源的剩余索取权和剩余控制权。国有上市企业(公司)能否有效管理利益相关者,直接关系到国有上市企业(公司)社会责任战略能否顺利实施,也在很大程度上决定着国有上市企业(公司)经营的成败。国有上市企业(公司)需要考虑到国有上市企业(公司)的战略与运营情况,对利益相关者的情况能够有一定的了解和分析,使多方利益相关者之间的需求能够协调、平衡,持续增进与关键利益相关者群体的联系,借此来使组织的运营效率提高,并提高应对外部环境变化的能力,进一步降低国有上市企业(公司)的外部成本,提升国有上市企业(公司)财务绩效。由于国有上市企业(公司)资源和管理的局限,国有上市企业(公司)管理者需要根据具体情况区分利益相关者的优先顺序,采用多样化的管理措施。比如,国有上市企业(公司)采用供应链管理的方式,使资源消耗和环境污染水平降低,还能够加强与社区之间的和谐关系,可以鼓励地方政府采取一些措施,比如提供税收优惠或减少监管,从而使运营成本降低。创新能力较高的国有上市企业(公司),可以通过给顾客提供优质的产品和周到的服务,提高顾客满意度,从而进一步增进市场价值,如托宾 Q 值(Tobin's Q)和股票收益率。

综上所述,在国有上市企业(公司)改革进程中,国有上市企业(公司)通过利益相关方的管理,提高企业(公司)的内外部资源的利用、整合和分配的过程的效率,增强与利益相关者之间的信任,塑造良好的国有上市企业(公司)形象,逐步降低国有上市企业(公司)的运营成本和交易成本,赢得提升国有上市企业(公司)财务绩效所需的支持和保障。因此,基于上述分析,在此提出第七个、第八个假设:

假设 7:国有上市企业(公司)的社会责任正向影响基于会计指标的财务绩效(ROE)。

假设 8:国有上市企业(公司)的社会责任正向影响基于市场指标的财务绩效(托宾 Q 值)。

3.4.2 关于高管团队持股比例调节作用的研究假设

在组织的决策和团队管理中,领导者具有十分重要的作用,他可以组织并呼应其高层人员的观点。同时,还可以通过观察和考量高管团队的行为特征来叙述组织的行动过程以及战略实施的方式。国有上市企业(公司)的各种战略决策往往离不开高管团队的共同努力,是汇聚多方力量的结果。所以,高管团队对国有上市企业(公司)社会责任的认识往往取决于高管团队的偏好和价值观,特别是补偿行为(及其提供的财务状况),这不仅会对国有上市企业（公司）社会责任的信息处理产生影响，还会影响企业社会责任战略的选择、制定、实施和监督，最终影响组织绩效。

现代国有上市企业（公司）制度普遍通过高管团队持股来形成一种激励和约束机制，有学者指出，经济激励是高层管理者决心投入国有上市企业（公司）社会责任活动的重要导向因素。根据利益收敛假说（convergence-of-interest hypothesis），高管团队持股赋予了高管剩余索取权，将公共企业（公司）利益与高管利益捆绑，如同给高管戴上了"金手铐"，从而减少高管自身利益与股东利益之间的分歧，缓和代理问题。更具体地说，高管团队持股比例越高，公共企业（公司）利益与高管自身利益就越具有相关性，企业（公司）的不当投资或特权消费产生的损失与高管自身利益就越紧密，在这种条件下，就更能约束高管进行决策，迫使其决策时理性思考，选择投资回报较高的项目。

战略性国有上市企业（公司）社会责任是企业获取竞争优势的源泉。所以，如果国有企业（公司）高管具有战略性企业（公司）责任思想，随着其持股比例不断增大，会主动将社会责任嵌入核心价值和战略制定中，并增强积极管理利益相关者的意识，重点关注不同利益相关方的需求，不仅取得内部和外部利益相关者的认可，也降低高管团队的逆向选择和道德风险（如绿票讹诈、不当投资、特权消费、关联交易）。高管还应积极主动地将社会责任始终贯穿企业（公司）产品和服务创新的方方面面，有意识地寻找、发现并抓住改革过程中的市场机会，使企业占据市场的领先地位。另外，高管持股比例较高能够促使国有上市企业（公司）改善业务流程和组织系统，为国有上市企业（公司）应对变化、动荡和危机做准备，防止国有上市企业（公司）履行社会责任脱离企业核心业务和经营流程来获取经济利益的"两层皮"现象，使高管更加注重国有上市企业（公司）社会责任的实质性和战略性。综上所述，也借鉴以往专家和学者的经验，在此提出第九个和第十个假设：

假设9:高管团队持股比例正向调节国有上市企业(公司)社会责任与ROE的关系。

假设10:高管团队持股比例正向调节国有上市企业(公司)社会责任与"托宾Q"的关系。

第二部分

研究设计

4 政府审计介入对国有上市企业(公司)绩效影响的研究设计

4.1 样本选取与研究数据来源

本书关于政府审计与地区腐败方面的研究数据选取自中国所有直辖市、省和自治区 2010—2018 年的政府公开数据,收集得到共 296 条样本数据并剔除缺失值。该部分数据的主要内容包括:2010—2018 年各省人民政府审计行政机构对项目进行审计时发现和查处的违规、非法行为金额的总数;对涉嫌违规、非法行为予以惩罚的金额总数;司法机关、纪检和监察等部门、相关行政机构移送的处理的信息;针对目前审查情况提交的政府审计报告和针对该审查情况所提交的信息总数;被上级单位领导批示、采用的数据情况;以及 2010—2018 年各省检察院立案侦查的贪污贿赂以及渎职侵权数量等。国有上市企业(公司)方面的统计资料来自中国沪深 A 股 2010—2018年国有上市企业(公司)的统计资料,并在此基础上作以下分析:(1)从行业中剔除了金融保险型国有上市企业(公司),因为这些类型的国有上市企业(公司)所处的行业具有一定的特殊性;(2)研究中剔除了一些财务情况不佳的国有上市企业(公司),如 ST、PT 等;(3)剔除了财务资料等主要数据不足的国有上市企业(公司);(4)以 1% 的水平为标准,对连续变量分别进行 Winsor 处理从而消除极端值在其中的影响作用。经过以上处理,共得到 5 401 条样本数据。另外,本书主要资料和统计数据主要部分是从 2011—2018 年的《中国审计年鉴》《国家统计局》《中国统计年鉴》以及各级人民检察院的审查工作统计报表,相关数据库如国泰安 CSMAR 中搜集获取。

4.2　被解释变量的定义

(1) 资产收益率(ROA)。借鉴以往专家和学者的经验,国内外用来衡量关于国有企业(公司)经营绩效的关键指标大致分为以下两种:一是国家的财务指标,包含国有上市企业(公司)的 ROA 或 ROE 等;二是投资者的市场性指标,以托宾 Q 值为构成主体。由于目前存在部分特殊不健全的资本市场,投机行为较易发生,股市容易被他人操控,使用这些市场性指标衡量国有上市企业(公司)的绩效时就会缺乏可信度。因此,本书以陈砺、黄晓玲(2018)及陈德萍、陈永圣(2011)等学者的研究成果为研究参考。采用 ROA 指标,以国泰安 CSMAR 数据库中获取的数据作为数据来源,衡量一个国有上市企业(公司)的绩效,即该国有上市企业(公司)的企业净利润占固定资产合计金额的比重。

(2) 地区腐败(COR)。截至目前,中国社会学术界公认用相对主观性程度以及相对客观性程度两种方法度量国家地区腐败严重恶化程度两者皆有利弊。

主观性程度衡量法是指通过对各国各地区不同阶层的居民发放调查问卷以及与受访的对象进行沟通交流等方式,去收集不同地区政府、企业以及普通居民对于腐败程度的想法。对调查问卷中以及访谈的数据进行了标准化的量化处理,并以此为基础建立了一套衡量不同地区腐败严重性的指标框架。目前作为一套衡量国家和地区腐败严重程度的指标体系,在国内外受到普遍接受和认可的主要指标主要有透明国际组织"腐败认知指数"和"贿赂指数",以及世界银行"腐败控制指数"等。主观衡量法带有一定的主观性,能够影响其结果的准确。一是政府、企业以及普通居民对于腐败程度的想法并非真实的地区腐败程度,二者之间存在差异;二是不同文化与不同地区的居民对于地区腐败程度的认识是不同的;三是运用该方法建立衡量不同地区腐败程度指标体系可能并不适用于该地区;四是主观性程度衡量法其衡量指标不合理、难度量。

　　客观性程度衡量法主要是根据《中国检察年鉴》以及各地方省市人民检察院的工作报告,以两者披露的各地方或者各省市有关腐败案件的主要相关资料来确定其在本地区内腐败的严重性,主要包括涉嫌职务违法或者犯罪的人数、各省腐败案件数以及腐败金额等。客观性程度衡量法的数据获取相比主观性程度衡量法更为方便,但运用该方法衡量地区腐败程度因其只运用各地区检察机关披露的数据,可能会存在一定的片面性。

　　周黎安等(2009)以《中国检察年鉴》以及各部分省区市各级人民检察院的年度工作报告为主要数据来源,进行了两项相关课题的研究,取得了相应的成果。本章将他们的成果作为参考依据,希望通过"各省腐败案件数除以各省公职人员数"这种方式,来准确判断和分析衡量某些省区市的腐败。这一统计指标主要希望具体反映各省区市对政治腐败问题公开揭露力度情况。

4.3　解释变量的定义

　　本章在保证数据的可获得性和完整性的基础上,从多角度考虑出发,参

考现有的研究成果,包括韦德洪等(2010),蒲丹琳、王善平(2014)等。选取衡量政府审计的变量如下,分别为:

政府审计揭示力(IMP)。本书中政府审计揭示力变量的数据,取自该年该省政府审计机关在《中国审计年鉴》中对项目进行审计时披露的违规、违法金额总数,并对该违法违规金额总数取自然对数。

政府审计处罚力(PUN)。本书中政府审计处罚力变量的数据取自该年该省政府审计机关在《中国审计年鉴》中披露的违规、违法金额总数,以及针对此次审查进行处罚的金额总数的比率。反映了政府审计机关对于各地区违法违规金额的处罚力度。

政府审计协作力(CAS)。本书中选取政府审计协作力变量的数据为基础数据。以该省政府审计机关在该年《中国审计年鉴》中所披露的政府审计机关移交给司法、纪检相关部门的案件数量作为数据来源。对选取的基础数据取自然对数形成相应指标。对政府审计机关与司法机关、纪检监察部门、有关部门的互助合作能力予以指标形式的量化。

政府审计展示力(COO)。本书中政府审计展示力变量的数据来自该年该省政府审计机关在《中国审计年鉴》中披露政府审计机关提交的审计报告与信息被采用的比率。该指标反映了政府审计工作被上级部门和机关认可、采用的程度。

4.4 控制变量的定义

政府审计会对地区腐败产生影响,还可能存在其他因素影响政府审计对地区腐败的治理。因此,本书借鉴李江涛等(2015)、谢柳芳等(2019)等几位学者对于腐败治理方面的研究成果。在本部分数据来自《中国统计年鉴》以及国家统计局。同时,在认真参考了国内外大量关于国有上市企业(公司)主要经营财务绩效的管理相关课题研究成果后,我们借鉴其他专家和学者的经验,在模型中对以下8个变量进行控制:

(1)企业规模(SIZE),对国有上市企业(公司)各主要经营管理年份期末总资产的金额采用自然对数。

(2)期末资产负债率(LEV),即期末公司所属各级国有上市企业(公司)的负债总计占期末资产总计的实际比重。

(3)营业收入增长率(PRO),即主营销售业务收入年增长率。

(4)运营能力(OCA),即营业收入与资产总额的实际比重。

(5)经济发展水平(GDP),在使用地区国民生产总值与总人口的比例数据的基础上,对其取自然对数进行衡量。

(6)政府规模(GSD),即以地方财政支出占地方国民生产总值的比例为量度。

(7)人力成本(HC),即以各省市地区人均受教育水平的年份总数为量度。

(8)公职人员工资水平(GSP),即以各个省区市公务员的平均工资占全国公务员平均工资的比例为量度。

4.5　调节变量的定义

本章分别设置了两个虚拟控制变量——行业(INDU)以及年度(YEAR)。控制变量中数据皆来自《中国统计年鉴》、国家统计局公布的数据,以及国泰安 CSMAR 数据库。

(1)年度虚拟变量,属于某一年度取1,否则为0。

（2）行业虚拟变量，属于某个特定行业取 1，否则为 0。

有关各种变量设定如下表 4.1 所示。

表 4.1　主要各种变量设定表

类型	变量名称		变量符号	变量解释
被解释变量	资产收益率		ROA	企业净利润占资产总额的比例衡量企业盈利能力
	地区腐败		COR	（立案侦查的地区贪污贿赂案件数）/公职人员数
解释变量	政府审计（AUD）	政府审计揭示力	IMP	审计机关于审计过程中发现并呈报的违法违规金额的自然对数
		政府审计处罚力	PUN	对披露的违规、违法金额总数与针对此次审查进行处罚的金额总数的比率
		政府审计协作力	CAS	审计移交至司法、纪检部门的案件数量的自然对数
		政府审计展示力	COO	有关部门对相关报告和信息批示和采用的篇数占审计机关报告总篇数的比率
控制变量	企业规模		SIZE	各个年份期末总资产的数额取自然对数
	资产负债率		LEV	负债总计/资产总计
	营业收入增长率		PRO	主营业务收入增长率
	运营能力		OCA	营业收入/资产总计
	经济发展水平		GDP	地区国民生产总值与总人口的比例的自然对数
	政府规模		GSD	各省地方财政支出占 GDP 的比重
	人力成本		HC	各省地区人均受教育水平的年份总数
	公职人员工资水平		GSP	以各省份公职人员平均工资与地区平均工资之比
调节变量	年度		YEAR	年度虚拟变量；属于某一年度取 1，否则为 0
	行业		INDU	行业虚拟变量；属于某一行业取 1，否则为 0

注：变量选择参考了专家学者的研究成果，并汇集而成。

4.6　研究模型的设定

为了验证本书的假设 1,我们对政府审计与国有上市企业(公司)绩效的关系进行检验。本部分参考了韦德洪等(2010),蒲丹琳、王善平(2011)等学者的相关文献,构建了模型(4.1),其中 AUD 为政府审计,包括 IMP、PUN、CAS、COO。

为了检验地区腐败与国有上市企业(公司)绩效的关系验证本书假设 2,本研究参考了陈砺、黄晓玲(2018)等人的研究文献,构建了模型(4.2)。

为了检验地区腐败在政府审计与国有上市企业(公司)绩效之间的中介作用,本章也借鉴了专家和学者的经验,构建了模型(4.3)与模型(4.4),共计 4 个模型。具体如下:

$$ROA = \alpha_0 + \alpha_1 AUD + \alpha_2 SIZE + \alpha_3 LEV + \alpha_4 PRO + \alpha_5 OCA +$$
$$\sum YEAR + \sum INDU + \varepsilon \tag{4.1}$$

$$ROA = \beta_0 + \beta_1 COR + \beta_2 SIZE + \beta_3 LEV + \beta_4 PRO + \beta_5 OCA +$$
$$\sum YEAR + \sum INDU + \varepsilon \tag{4.2}$$

$$COR = \Phi_0 + \Phi_1 AUD + \Phi_2 GDP + \Phi_3 GSD + \Phi_4 HC + \Phi_5 CSP +$$
$$\sum YEAR + \varepsilon \tag{4.3}$$

$$ROA = \gamma_0 + \gamma_1 AUD + \gamma_2 COR + \gamma_3 SIZE + \gamma_4 LEV + \gamma_5 PRO +$$
$$\gamma_6 OCA + \sum YEAR + \sum INDU + \varepsilon \tag{4.4}$$

其中,α_0、β_0、Φ_0、γ_0 为模型的截距项,α_1—α_5、β_1—β_5、Φ_1—Φ_5、γ_1—γ_5 为各解释变量的待估参数,ε 为模型的随机扰动项。

5 政府审计对国有上市企业(公司)社会责任信息披露质量影响的研究设计

5.1 样本选取与研究数据来源

作者在搜索国家审计署官方网站上 2010—2018 年所公布的关于中央企业(公司)审计成绩与结果的公告后,以国资委官方网站中的中央企业(公司)名录为参照标准,对这些政府审计结果公告涉及的控股上市国有企业(公司)进行识别并加以整理,作为本章关于政府审计的样本。由于政府审计的滞后性问题,比如对 2018 年某国有企业 2016 年度财务收支等情况审计结果指的是该审计针对 2016 年的财务情况,但是政府审计行为在 2017 年开始,政府审计的结果以公告形式在 2018 年发布,因此我们将 2016 年定义为被审计对象的年度,将 2017 年定义为政府审计的介入年度,2018 年定义为政府审计报告的介入年度。本章主要将 2010—2018 年份的国有集团 A 股上市公司企业(公司)作为主要样本进行初始统计研究,本章采用的国有企业(公司)财务社会风险责任统计信息库所披露的高质量财务统计数据主要来源于和讯网,政府部门审计的企业(公司)相关财务数据主要靠人工搜集,其他与国有企业(公司)财务相关的统计资料均来自国泰安 CSAMR 数据库。作者依据不同年度分别根据函数连续性和可变量函数占 1‰ 和 99‰ 的统计比例,对函数进行了分析缩尾,旨在有效减少潜在异常值的统计影响。

5.2 被解释变量的定义

(1) 提高社会责任信息披露的质量(CSR)。参考借鉴大多数学者的理论研究思路,如何贤杰(2012,2014),倪恒旺等(2015);袁卫秋、王海姣(2017),模型(5.1)中解释变量 CSR 的选择是依据和讯网在国有上市企业(公司)的社会责任报表中作出的评价,并对该评价进行打分。本书选取 2010—2018 年国有上市企业(公司)作为调查样本,评分标准的高低与企业(公司)社会风险责任报告披露的信息质量水平成正比,即评价标准越低,企业(公司)的社会风险责任信息披露的规范性、完整性和合规性也越差。在本书的稳健性检验中,采用国有上市企业(公司)发布的社会责任报告中自然对比变量作为衡量国有上市企业(公司)社会责任信息披露质量的一个替代变量,该方法来自殷红(2014)。

(2) 市场化指数(Index)。市场化程度涵盖了经济社会发展生活中的各个领域,不能简单地从一个局部概括出一个经济社会的整体状态。本书选取自《中国分省份市场化指数报告》中的市场化程度指数,若市场化程度水平超过了均值且不等于均值,则取该指数为 1,否则为 0。

5.3 解释变量的定义

(1) 政府审计(Audit)。参考李秀(2014)、周晓(2019)等人的相关研究成果拟定年度采用"政府审计"方法来进行衡量、该变量为是哑变量,被审计署在审计介入期间年度为1,否则为0。本部分将我国政府审计定义为2010—2018年期间所有接受的国家审计署对财务收支的审计,将审计介入当年的赋值定义为1,非直接介入当年的赋值定义为0。介入性年度被定义为中国国家审计署对中央级企业(公司)开展审计工作的年份,例如,审计署对某中央级企业2017年度进行财务收支审计,实际开展审计年度为2018年,即介入年度为2018年。考虑政府审计对样本国有上市企业(公司)社会责任信息的影响可能存在滞后效应,因此在模型回归时分别加入了Audit变量的滞后数据。

(2)外部审计质量(top_4)。根据漆江娜等(2014)研究结果,若经国际"四大"会计师事务所审计过的国有上市企业(公司),则该国有上市企业(公司)操纵性的应计利润比率略低于其他会计师事务所审计的国有上市企业(公司)。国际"四大"会计师事务所的规模越大,审计流程和手段越规范,审计方法和技术也越多样,审计的质量也随之得到了提高。此外,由于受到名气的影响,国际"四大"会计师事务所会减少和降低被审计人员发生机会主义行为的概率,进而改善和提高其审计工作的质量。因此章将经过国际"四大"会计师事务所审计的国有上市企业(公司)作为高质量的被审计公司,取值为1,否则取0。另外。本章还从其中选取了政府审计的"外部审计质量"作为哑变量,将经过政府审计的国有企业(公司)视为进行高质量审计的国有上市企业(公司),取值为1,否则取0。国际"四大"会计师事务所审计和政府审计均为强有力的外部审计。

(3)内部控制质量(Ici)。借鉴专家和学者的经验,作者挑选深圳迪博公司研究和开发的国有上市企业(公司)的内部风险控制综合评价指数(DIB)作为内部风险控制的评价指标。这个指数既考虑了内部控制的五个重点和目标,也考虑了内部控制的缺陷,具有一定的整体性。该项指数与内部控制的质量水平、有效性成正比,并且能够用数值来量化国有上市企业(公司)内部控制质量的差异。为准确区分内部控制质量,本章特别设置了国有上市企业(公司)内部控制的哑变量,当 Ici 大于其平均值时应取 1,此时可以认为内部控制质量相对较高,否则为 0。

5.4　控制变量的定义

借鉴专家和学者的经验,在该模型中对以下 10 个关键的变量进行了控制变量的定义。

(1) 年末财务杠杆(Lev),用来衡量财务杠杆的指标叫以用资产负债率,即总负债与总资产的绝对比值。

(2) 成长性(Growth),即主营业务收入的平均增长率。

(3) 第一大股东的持股比例(Largest),即第一大股东的持股多少与其第二次持股的比例。

(4) 董事会的规模(Board),该规模根据每个董事会的总人员数量进行度量。

(5) 国有上市企业(公司)的年龄(Age),即国有上市企业(公司)在境内上市时间年数的相应对数。

(6) 国有上市企业(公司)的规模(Size),即每个国有上市企业(公司)各个生产年份期末总资产的金额的自然对数。

(7) 管理层所持股权的比例(Mshare),衡量依据为年末全年国有上市企业(公司)管理层所持股权的比重占全年国有企业总持股权数的百分比。

(8) 独董比例(Indratio),即在国有上市企业(公司)年末独立执政的董事总数所占全体董事总人数的百分比。

（9）资产收益率（ROA），即国有上市企业（公司）当期平均净利润与当期平均总资产之比。

（10）两职合一（Dual），哑变量，若一人同时身兼董事长、总经理两职即取1，否则为0。

5.5　调节变量的定义

（1）年度虚拟变量（Year），属于某一年度取1，否则为0。

（2）行业虚拟变量（Indu）；属于某个特定行业取1，否则为0。这部分的控制变量数据来源于国泰安 CSMAR 数据库。

有关变量设定见表5.1。

表 5.1　主要各种变量设定表

类型	变量名称	含　义	变量说明
被解释变量	CSR	社会责任信息公开披露的质量	选择了和讯网国有企业（公司）社会责任信息公开披露的质量合格率评级系统
	Index	市场化指数	根据《中国分省份市场化指数报告》，若市场化水平大于其平均数取值1，其他为0
解释变量	Audit	作为一个政府审计	哑变量，将所有经过了国际"四大"会计师事务所审计的、政府审计的外部企业视为高质量内部审计的企业，取值为1，否则取0
	top_4	外部审计的质量	哑变量，视经过国际"四大"会计师事务所审计的国有企业（公司）视为高质量审计企业（公司），取值为1，否则取0
	Ici	内部控制质量质量评价	选取迪博公司研究开发的国有上市企业（公司）内部风险控制的综合性指数，当大于其平均数时取1，否则取0

续表

类型	变量名称	含　义	变量说明
控制变量	Lev	衡量财务杠杆的指标:资产负债率	年末总负债与总资产的比值
	Growth	成长性	公司主营业务收入的增长率
	Largest	第一大股东持股比例	第一大股东的持股比例
	Board	董事会规模	董事会总人数
	Age	国有上市企业(公司)年龄	国有上市企业(公司)年数的对数
	Size	国有上市企业(公司)规模	国有上市企业(公司)年末资产总额的自然对数
	Mshare	公司管理层持股比例	国有上市企业(公司)年末管理层持股数占公司总股数的比例
	Indratio	企业独董比例	国有上市企业(公司)年末独立董事人数/董事会总人数
	ROA	盈利实现能力	国有上市企业(公司)当期净利润/当期平均总资产
	Dual	两职合一	哑变量,若一人身兼董事长、总经理职位取 1,否则取 0
调节变量	Year	年度	年度虚拟变量;属于某一年度取 1,否则为 0
	Indu	行业	行业虚拟变量;属于某一行业取 1,否则为 0

注:变量选择参考了几位前人的研究成果,并汇集而成。

5.6　研究模型的设定

为了对以上假设进行验证,参考黄超(2017)学者研究,本章构建了如下回归模型:

$$CSR = \beta_0 + \beta_1 Audit + \beta_2 Lev + \beta_3 Growth + \beta_4 Largest +$$
$$\beta_5 Board + \beta_6 Age + \varepsilon \tag{5.1}$$

式中，β_0 为固定效应项，β_1—β_6 为对应变量的系数，ε 为误差项。

为了充分验证本书的假设 2，本章参考了《中国分省份市场化指数报告》2016 年中国部分发达省份的农业市场化发达指数，以及市场化发达程度平均水平，对 31 个省份进行排序。将大于市场化水平平均数的省份为市场化水平较高的省份，令 Index＝1；将其余省份设为市场化水平较低的地区，令 Index＝0。将两个样本组分为市场化效率指数分别较高的两组和市场化效率指数较低的两组，分别对两组市场化效率指数较低样本进行了数值回归分析检验，分析和统计验证在不同经济市场化政策过程下，政府审计工作对大型国有上市企业(公司)的经济社会风险责任度和信息公开数据披露服务质量要求是否合格。

为了验证本书的假设 3，作者按照国家审计、国际"四大"会计师事务所的审计，把样本划分为国际"四大"会计师事务所组和非国际"四大"会计师事务所组，分别对这两组审计人员进行了回归分析，来验证在不同的外部审计服务质量情况下，政府审计对于国有上市企业(公司)的社会风险责任披露服务质量的直接影响因素之间是否存在差异。

6 国有上市企业(公司)社会责任对其整体财务管理绩效直接影响的研究设计

6.1 样本及研究数据来源

通过文献梳理和分析可以看出,国内相关国有上市企业(公司)的社会责任和财务绩效研究,在这一阶段无论是研究的方法,还是所取得的结果都不完全相同。近年来,国有上市企业(公司)的社会影响力在全球范围内不断提高,越来越多的研究实证探讨国有上市企业(公司)的社会风险责任与其财务绩效之间的联系。目前我们所有的实证研究大多采用调查问卷所获取的数据,而且利用了客观性比较强的二手资料,然而针对国有上市企业(公司)二手资料的研究却相对缺乏。基于此现状,本章将第三方评价的数据资料以作选取,并进行了实证分析。

本章研究的样本是300家目标国有上市企业(公司),目标企业(公司)由2010—2018年《南方周末》中国所有的国有上市企业(公司)社会责任名单排行榜所获得。为了减少纠纷并且能够保证数据信息来源的完整和统一性,我们从300家国有上市企业(公司)中剔除了少数在香港交易所上市的国有企业(公司),同时剔除了数据不完整的国有上市企业(公司),最后决定以沪深两市交易所上市的 295 家国有企业(公司)为基础进行研究。本次研究样本中涉及的国有上市企业(公司)对应的财务资料以及企业治理指标资料来自国泰安 CSMAR 数据库。

《南方周末》的中国民营企业(公司)和外商投资企业(公司)名单。该刊关于中国民营企业社会风险责任问卷调研的工作始于 2003 年,于 2008 年创办中国企业社会风险责任研究中心,同年又增设了国有上市企业(公司)的企业名录。中国企业(公司)社会责任研究中心以覆盖全行业的评估范围进行评估,最终得出三大榜单。该评选结果由企业(公司)官方统计的数据和问卷进行调查,综合责任分析报告与传统媒体进行信息披露,同时邀请地方政府官员、海内外的知名学者及其他相关行业协会的专家对三大榜单进行智力支撑。

2010—2018 年间《南方周末》中国内地城市国有上市企业(公司)名单的评价指标体系随经济和社会发展不断革新和变化。对评价指标体系进行了改革性的优化和完善,增强了其评价的科学性和系统性,更加客观、真实和精准地直接反映了国有上市企业(公司)社会责任的认识和履行状态,凸显了对国有上市企业(公司)的践行和监督管理社会责任的时代性新要求。2016 年,需要依据的绩效评级标准体系为一套综合包括经营状况、社会贡献、社会责任、公众形象等重要因素在内的大型国有上市企业(公司)整体综合实力考核绩效评级体系制度。2018 年,在指标考核制度评价体系中首次新增了对纳税人权重平均值,取消了提升公众形象三个方面的相关指标,增加了对引进国有上市企业(公司)人员进行社会公益慈善和加强社会风险责任管理信息公开披露等三个方面相关指标的总权重。2018 年的主要责任指标按照权重依次最高分配顺序为:社会经济损害责任 45%,公益性事业责任 15%,产品安全责任 13%,劳动者权益责任 10%,信息公开披露 10%,环境保护损害责任 7％。

2018 年,中国国有上市企业(公司)综合指标评价制度进行了一次崭新的制度改革,对于综合评价国有上市企业(公司)指标制度进行了全面的梳理细化,更加明确强调了除国家国有上市企业(公司)承担社会主体责任外的其他 14 个国家和地区社会主体责任制的履责落实情况。总览新的综合评价制度,可以划分出五大评价模块,即经济指标、管理指标、环保指标、合规性指标和社区评价。10 个一级指标及 30 个具体评估指标皆被五大模块的整体性指标框架涵盖其中。经济指标权重从原来的 35％逐渐下降到 32％,增加了国有上市企业(公司)成长性指标对于国有上市企业(公司)的经济风险责任的评估,在国有企业经济规模方面充分考虑并且突出国有上市企业(公司)经济指标的素质和对于社会主义经济持续健康发展的促进力,符合经济新常态中国家经济平稳、多元化快速增长的需求。近年来,使用《南方周末》这一排行榜的统计数据展开研究的中国学者与日俱增。

6.2 被解释变量的定义

现有学术文献中,对于国有上市企业(公司)财务管理绩效的具体衡量主要方法分别采用三种评价指标,即:财务会计咨询业务管理绩效评价指标、市场营销业务管理绩效评价指标,以及国有上市企业(公司)能够及时感知并得到的其他财务管理业绩绩效指标。

常见的投资会计行业绩效投资评估综合指标主要类型包括:ROA、ROE,每股收益(earnings per share,EPS),价格波动投资综合收益率(price/earnings ratio,P/E)等。市场投资绩效收益评估指标测量常用基于美国股市市场投资者的回报或者是基于美国的资本市场的投资收益性评估指标,例如:托宾 Q 值,股市市场中的股票超额投资收益(excess stock returns, ESR)等。感知到的财务绩效指标主要是考察中国国有上市企业(公司)稳健的经济和社会地位、资产的有效利用,或者考察是否能够达到相对于其他竞争对手的财务目标,主要从问卷调研中获得。

本章充分地借鉴以往专家和学者的经验[例如 Wang 等(2009)],为了准确地反映当前国有上市企业(公司)的经营状况,以及外部投资者对当前国有上市企业(公司)发展市场前景的两方面特征,本章通过结合基于经济会计的财务绩效指标和基于市场的财务绩效指标来共同来评估和测量当前国有企业(公司)的整体财务绩效,同时还要兼顾考核衡量的整体性。

因此,我们可以通过对 ROE、ROA 和托宾 Q 值三个指标的选择,来评估一个国有上市企业(公司)的整体财务绩效。其中,ROE、ROA 主要衡量了国有上市企业(公司)内部资源的综合利用率。在我们的研究中,ROE 作为评估测度项目的参考对国有上市企业(公司)的社会责任对其财务绩效的影响进行多元回归检验,ROA 作为可比性的替代变量对实证结果的可靠性进行了稳健性的检验。而托宾 Q 值以外部资本市场的视角去评价国有企业(公司)的财务绩效,侧重于体现投资者对于国有上市企业(公司)的市值相对于其账面价值的一种前瞻性观点,在某种程度上直接反映了国有上市企业(公司)承担社会风险责任的外部落实情况。

6.3　解释变量的定义

国有上市企业(公司)的社会责任制度是一个多维度的理论概念,由许多方面共同组合而形成。测量计算方法始终贯穿于我们深入研究国有上市企业(公司)的社会责任与其财务绩效之间关系的过程中。虽然学者们曾经尝试着运用内容分析法、调查问卷方法、案例分析研究法等方法对国有上市企业(公司)的社会负担进行测量,但是其测量的有效率却普遍较差。

具体来说,内容分析法对于问卷测量数据变量的准确选取往往带有很强的技术主观性;问卷调查方法容易出现测量数据综合评价不全面、各种分析方法应用存在一定偏差、缺乏数据的准确客观性认识等诸多问题;而案例分析研究法的外部分析有效性则相对薄弱。

所以目前的专家学者们大多已经完全绕开了国有上市企业(公司)直接负担的社会风险责任,而是利用KLD(kinder, Lydenberg and Dominis)的数据库、ESG(environmental, social and governance factors)国际数据库、《财富》世界杂志的国际声誉和世界排名等,用这些数据库和其中的一个重要的子数据库来替代了直接对国有上市企业(公司)的间接社会风险责任进行衡量的方法,该做法同时获得了许多新的研究成果。

近年来,《南方周末》的国有上市企业(公司)风险与社会责任评价排行榜的利用在国内专家和学者当中日趋广泛,在一定程度上得以充分证明其风险评价的科学和有效性。同时,我们以此资料作为主要的数据来源,也便于大量研究者更好地针对中国国家情景开展研究,所以本章选取《南方周末》的国有上市企业(公司)社会风险责任名单排行榜数据资料,遵循现有的研究方法对该问题开展了深入探讨。

6.4 控制变量的定义

通过综合分析已有的文献加以深入调查研究,本章引入了国有上市企业(公司)的规模、股权结构、风险和预期时间四个可能的控制变量,它们将直接对国有上市企业(公司)的社会或财务绩效造成影响。所有控制变量的数据皆从国泰安 CSMAR 数据库及同花顺的数据库中获得。

我们采用了员工人数替代了国有上市企业（公司）规模，股权结构则以流通比例为基础进行衡量，选择资产负债率对其风险进行准确测量，使用虚拟变量来表示所在地区的时期，2017 年为 1，2018 年为 0。

针对国有上市企业（公司）的员工规模，我们可以选择国有员工的总人数规模作为一个具有替代性的变量。首先，规模较大的国家级以上国有上市企业（公司）主体应该应当具备一定的经济规模化和经济拉动效应。其次，来自各种其他利益关系相关方或者团体的较大经济压力往往会作用于规模大的大型国有上市企业（公司），相对于一些规模较小的大型国有上市企业（公司），它们更强烈地希望参与 CSR 等活动，得到了更多的来自人力资源、社会知名度以及其他利益关系相关方等的关注。进而可以大幅提高企业（公司）财务管理绩效。

股权结构则以流通比率为基础进行测量。流通比率是指市场上已经流通出来的股票和总股本之间的比率。国有股票流通是指国有上市企业（公司）能够在交易所流通的股票总量，其所占市场的比重越大，股价就越能够直接反映国有上市企业（公司）的真正资产和价值。将流通资产的比例增减到一个控制变量，就能够较好地估算出国有上市企业（公司）的价值。

风险是以资产负债率来衡量的。国有上市企业（公司）负债总额除以国有上市企业（公司）资产总额所得到的比例即为资产负债率，它是衡量国有上市企业（公司）资产负债率水平及其风险严重程度的一个重要指标。这个指标既可以衡量支付给债权人所需要提供的国有上市企业（公司）资产占全部企业（公司）资产比例，又可以衡量支付给国有上市企业（公司）进行举债经营的能力，还可以衡量支付给国有上市企业（公司）的债权人所需要提供的信贷资金在国家中的风险。风险会影响社会责任与财务绩效，所以我们采取资产负债率作为风险的一种替代性变量。

国有上市企业(公司)如果想建立一个良好的利益相关方,就需要和其他利益相关方共同进行长期互动。国有上市企业(公司)参与社会责任行为的效力需要一段时间的积淀,这些成就能够直接体现到其财务绩效的各个方面。所以,应当加入一个可以控制的时期性变量。

6.5　调节变量的定义

国有上市企业(公司)社会责任制度的有效执行受到了组织中高管群体的动机、人才选拔以及价值观形成等多种因素的严重影响。

国有上市企业(公司)高管群体解读了国有上市企业(公司)社会责任的眼光视角和其对于伦理职业道德的信念承诺,这也是国有上市企业(公司)积极投身国家社会责任提案倡议的关键驱动力。因此,有一些研究者认为国有上市企业(公司)的经济激励作用就是国有上市企业(公司)中的高级管理人员将有限的注意力和决心全部投入国有上市企业(公司)的社会责任行为中去。

高管群体持股制度就是现代中国国有上市企业(公司)体系普遍使用的一种激励与约束机制。本章所指的高管群体是国有上市企业(公司)在年报中未被披露的前期负责主要经理、副总经理、前期负责人、总裁、首席执行官、前期负责人、副总裁、董事会秘书和在年报上未被披露的其他高级管理者(一般包括董事长或者兼任的前期负责人)。高管群体持股的比例是指全部高管在国有上市企业(公司)持股的人数占全部国有企业持股人数的比例。本章可行调节的变量的主要依据是高管群体持股的比例(MHR)和公司董事会持股的比例(BHR)两个因素。

具体而言,本章充分利用了高管群体持股比例的变化作为可以调节的变量,深入探究其对中国国有上市企业(公司)社会风险责任和财务绩效之间相互关系的影响,并采用了董事会持股比例的变化作为可能的替代变量,进行稳健性的检验。相关有效数据的主要来源为国泰安 CSMAR 数据库。

表 6.1 是本章采用的变量以及变量测量的方法。

表 6.1 本章变量汇总表

主要变量	变量名称		变量解释
被解释变量	ROE	净资产收益率	净利润/平均股东权益
	TQ	托宾 Q 值比率	公司的市场价值/资产重置成本
解释变量	CSR	国有企业社会责任	《南方周末》国有上市公司社会责任排行榜
控制变量	Size	国有企业规模	国有企业员工总数
	Risk	风险	资产负债率=负债总额/资产总额
	Stru	股权结构	流通比=上市流通股份/总股本
	Yeardrum	年度	虚拟变量
调节变量	MHR	高管团队持股比例	高管团队持股数/公司总股数

资料来源:作者根据相关研究整理汇集而成。

6.6 研究模型的设定

6.6.1 国有上市企业(公司)社会责任影响财务绩效的检验模型

依据研究假设以及所收集的数据,借鉴以往专家和学者的经验,本部分构建如下多元回归模型:

$$ROE_{t+1} = \alpha_0 + \alpha_1 CSR_t + \alpha_2 Size_t + \alpha_3 Stru_t + \alpha_4 Risk_t + \alpha_5 Yeardrum + \varepsilon_1$$

$$(6.1)$$

$$TQ_{t+1} = \beta_0 + \beta_1 CSR_t + \beta_2 Size_t + \beta_3 Stru_t + \beta_4 Risk_t + \beta_5 Yeardrum + \varepsilon_2$$

$$(6.2)$$

其中,t 表示第 t 年,α_0、β_0 为模型的截距项,$\alpha_1-\alpha_5$、$\beta_1-\beta_5$ 为各个解释变量的待估参数,ε_1,ε_2 为模型的随机扰动项。我们用 t 时期的国有上市企业(公司)社会责任的数据对滞后 1 期的国有上市企业(公司)财务绩效情况进行预测,这样则既可以实现消减有关反向因果的潜在顾虑,排除内生性问题,又能更好地实现国有上市企业(公司)社会责任与财务绩效之间的因果关系。

6.6.2　高管团队持股比例调节作用检验模型

依据研究假设以及所收集的数据,借鉴以往专家和学者的经验,本部分构建如下多元回归模型:

$$ROE_{t+1} = t_0 + \gamma_1 CSR_t + \gamma_2 MHR_t + \gamma_3 CSR_t^* MHR_t + \gamma_4 Size_t +$$
$$\gamma_5 Stru_t + \gamma_6 Risk_t + \gamma_7 Yeardrum + \varepsilon_3 \qquad (6.3)$$

$$TQ_{t+1} = \eta_0 + \eta_1 CSR_t + \eta_2 MHR_t + \eta_3 CSR_t^* MHR_t + \eta_4 Size_t +$$
$$\eta_5 Stru_t + \eta_6 Risk_t + \eta_7 Yeardrum + \varepsilon_4 \qquad (6.4)$$

其中,t 表示第 t 年,γ_0、η_0 为模型的截距项,$\gamma_1-\gamma_7$、$\eta_1-\eta_7$ 为各个解释变量的待估参数,ε_3、ε_4 为模型的随机扰动项。

第三部分

实证分析

7 政府审计介入对国有上市企业(公司)绩效影响的实证分析

7.1 描述性统计分析

表 7.1 呈现出了回归模型中各个变量的描述性统计结果。表 7.1 的统计结果表明:IMP 的均值为 13.878,最大值为 16.770,最小值为 10.311,标准差为 1.309,这表明地方政府机关披露违法违规金额较多,在一定程度上反映了政府审计揭示力度较强。PUN 的均值为 0.098,最大值为 1.238,标准差为 0.150,这表明中国各省份、地区的政府审计机关对于违法违规金额处罚力度大致相似。CAS 的均值为 4.554,最大值为 7.048,最小值为 -0.262。说明各省份政府审计机关向司法、纪检部门移送的数量存在差异,且政府审计协作力可能整体较高。COO 的均值为 0.627,最大值为 2.875,标准差为 0.536,说明不同省份的政府审计展示力度无显著差别,不同政府审计工作被上级部门、机关认可、采用的程度大致相同。COR 最小值为 3.146、最大值为 26.299、均值为 7.929、标准差为 5.731,这表明各省份对腐败问题的披露力度较大。

表 7.1　变量的描述性统计

变量	样本量	均值	标准差	最小值	最大值
IMP	182	13.878	1.309	10.311	16.770
PUN	186	0.098	0.150	0.007	1.238
CAS	184	4.554	1.339	−0.262	7.048
COO	183	0.627	0.536	0.098	2.875
COR	186	7.929	5.731	3.146	26.299
ROA	5 401	0.033	0.056	−1.220	0.383
GDP	186	4.820	2.227	1.646	11.816
GSI	186	0.277	0.215	0.110	1.379
HC	186	8.950	1.124	4.222	12.389
CSP	186	0.982	0.314	0.681	1.892
SIZE	5 401	22.669	1.404	18.372	28.511
LEV	5 401	0.514	0.202	0.012	1.252
PRO	5 401	0.043	0.180	−0.262	7.696
OCA	5 401	0.687	0.591	0.003	10.586

　　另外,各省份腐败差异较大,腐败治理效果存在明显差异,需要进一步加强腐败治理效果。*ROA* 均值为 0.033,最小值−1.220,最大值是 0.383,这表明国有企业每单位资产创造净利润较少,绩效普遍偏低。从控制变量方面可以看出:经济发展水平(GDP)最小数值 1.646、最大数值 11.816,同时可知其标准差为 2.227,表明当前各省份经济发展水平不均衡,出现两极分化现象。*GSI* 标准差是 0.215,表明各个政府机关规模大致相似,地区财政支出占 GDP 比例正在不断减少。*SIZE* 均值为 22.669,最小值为 18.372,最大值为 28.511,标准差为 1.404,由此可知,中国国有企业(公司)规模各有不同,差异较明显。*LEV* 均值为 0.514,这说明中国国有企业(公司)平均资产负债率水平比较适宜,此外,它的最小、最大值分别为 0.012、1.252,这说明国有企业(公司)资产负债率存在较大差距,可能是由于不同国有企业(公司)间选择的国有企业(公司)战略的差异所造成的。*PRO* 均值为 0.043,这说明目前国有企业(公司)营业收入增长率普遍偏低,具有较大的提升空间。*HC* 均值为 8.950,这说明国有企业(公司)平均人力成本水平比较适宜,此外它的最小、最

大值分别为 4.222、12.389,这说明国有企业(公司)人力成本存在较大差距,可能由于不同国有企业(公司)间选择的国有企业(公司)成本战略实施的差异所造成。GSP 均值为 0.982,这说明公职人员工资水平比较适宜,此外它的最小、最大值分别为 0.681、1.892,这说明公职人员工资水平存在一定的差距,可能是由于工资发放的差异所造成。OCA 均值为 0.687,这说明我国国有企业(公司)运营能力比较偏低,此外它的最小、最大值分别为 0.003、10.586,这说明国有企业(公司)运营能力水平存在一定的差距,可能是由于不同国有企业(公司)间运营能力不同造成。

7.2 主要变量相关性分析

若要对政府审计、地区腐败以及国有上市企业(公司)绩效进行回归,针对模型中主要变量实施相关性分析则必须在此之前进行。相关性检验的目的在于:一方面,以各个变量之间的相关性为依据,检验模型变量之间的多重共线性,由此可以增加回归结果的可靠性;另一方面,可以初步检验本著作的假设条件是否合理。

表 7.2　主要变量相关性检验

	ROA	COR	IMP	PUN	CAS	COO
ROA	1.000					
COR	−0.149***	1.000				
IMP	0.314***	−0.439***	1.000			
PUN	0.132***	−0.317**	0.151***	1.000		
CAS	0.069**	−0.216**	0.048*	0.254**	1.000	
COO	0.032*	−0.146*	0.134**	0.239***	0.383***	1.000

注:*** 、** 和 * 分别表示在 1%、5%、10%显著性水平下显著。

表 7.2 为相关性分析结果,根据结果,能够明显观察出各个变量之间的相关系数值均处于 0.5 以下,由此可以得出,本章选取的变量相关系数不是很大,存在多重共线性的可能性非常小,变量的选取相对合理,不会对后序多元回归分析的结果造成影响。为进一步确保回归结果的准确,*IMP*、*PUN*、*CAS*、*COO* 与 *ROA* 正相关,表明政府审计的治理功能越有效,国有上市企业(公司)的资产收益率越高,国有企业(公司)绩效越高,这一结论支持了本书的假设 1。*COR* 与 *ROA* 显著负相关,这表明地区腐败的程度会负相影响国有上市企业(公司)的绩效,这也为本书的假设 2 提供了初步的支持证据。*IMP*、*PUN*、*CAS*、*COO* 与 *COR* 负相关且普遍在 1% 的水平上显著,可以初步得出政府审计能够起到抑制腐败的作用,符合本书假设 3 的预期。

7.3　回归结果分析

7.3.1　政府审计与国有上市企业(公司)绩效回归结果分析

模型式 4.1 的回归结果如下表 7.3 中列(1)—列(4)所示,由表 7.3 可知,*ROA* 与 *IMP*、*PUN*、*CAS* 均在 1% 水平上显著相关,且系数为正,说明政府审计的治理功能越有效,国有企业(公司)资产收益率越高,国有上市企业(公司)绩效越好。关于回归结果中 *COO* 对国有上市企业(公司)绩效的影响不显著这一结果,可能由于各省市政府审计机关的理解程度不一样,因此其披露的审计报告与信息被采用的比率指标在《中国审计年鉴》中不一致。由于此指标与国有企业(公司)绩效的关系不显著,本章余下的回归将不使用该指标。

表 7.3 模型式(4.1)、模型式(4.2)回归结果

变量	(1) ROA	(2) ROA	(3) ROA	(4) ROA	(5) ROA
IMP	0.102** (2.07)				
PUN		0.146** (2.52)			
CAS			0.185*** (3.78)		
COO				0.136 (1.62)	
COR					0.521*** (−5.87)
SIZE	0.968*** (18.37)	0.966*** (18.34)	0.967*** (18.36)	0.988*** (18.61)	0.952*** (18.15)
LEV	−0.143*** (−38.91)	−0.143*** (−39.00)	−0.142*** (−38.97)	−0.144*** (−39.06)	−0.141*** (−38.64)
PRO	0.038 (0.36)	0.022 (0.37)	0.026 (0.72)	0.029 (0.79)	0.029 (0.80)
OCA	0.007*** (6.47)	0.007*** (6.41)	0.007*** (6.29)	0.007*** (6.48)	0.006*** (6.09)
Constant	0.107*** (7.92)	0.022*** (16.13)	0.112*** (9.55)	0.137*** (9.49)	0.108*** (9.50)
YEAR、INDU	Yes	Yes	Yes	Yes	Yes
Observations	5 359	5 373	5 376	5 375	5 401
R^2	0.223	0.223	0.225	0.222	0.226

注:*** 、** 和 * 分别表示在1%、5%、10%显著性水平下显著。

经过分析,一方面,政府审计可以优化国有上市企业(公司)外部经营、制度环境。另一方面,通过监督、揭露、督促国有上市企业(公司)的财政经济活动,有利于增强国有上市企业(公司)运行效率,更好地树立国有上市企业(公司)形象,保障国有上市企业(公司)绩效的平稳提升。因此,政府审计可以促进国有上市企业(公司)绩效的提升,本书的假设1得到验证。从回归结果来看:IMP 提高1个单位,则国有上市企业(公司)绩效会上升0.102个单位;*PUN* 提高 1 个单位,则国有上市企业(公司)绩效会上升 0.146 个单位;*CAS* 提高 1 个单位,则国有企业(公司)绩效会上升 0.185 个单位。这个回归结果表明了以下两点内容:

第一,政府审计的揭示力、处罚力、协作力,对于国有上市企业(公司)绩效的影响程度存在差异,政府审计协作力对于国有上市企业(公司)绩效的促进作用更大,说明政府审计的揭示力与惩罚力对于国有上市企业(公司)绩效的影响还有较大的发展空间。

第二,中国政府审计能够通过发挥其揭示力、处罚力、协作力的功能来促进国有上市企业(公司)绩效的提升,说明政府审计对于国有上市企业(公司)的作用已经取得初步效果。在控制变量方面,筛选并除去年份和行业因素以外,*SIZE* 能够促进国有上市企业(公司)绩效的提升,随着国有上市企业(公司)规模增加 1 个单位,国有上市企业(公司)绩效提高 0.967 个单位。对国有上市企业(公司)期末总资产取自然对数,可以得出国有上市企业(公司)的规模数据,因此,国企总资产的增加也会对国有上市企业(公司)绩效产生积极影响。*LEV* 与国有上市企业(公司)绩效显著负相关,这表明资产负债率的提高会降低国有上市企业(公司)绩效,且每增加 1 个单位,国有上市企业(公司)绩效随之减少 0.143 个单位。国有上市企业(公司)的资产负债率上升,代表国有上市企业(公司)负债水平的正向增长,如此一来,国有上市企业(公司)面临的经营风险、财务风险也会上升,因此资产负债率与国有企业(公司)绩效为负相关。*OCA* 的增强能够促进国有上市企业(公司)绩效的提升,国有上市企业(公司)的运营能力越强,营业收入与资产总额的比例越大,越有利于改善国有上市企业(公司)的经营管理情况,进而降低国有上市企业(公司)融资约束,提升国有上市企业(公司)的绩效。

7.3.2　地区腐败与国有上市企业(公司)绩效回归结果分析

从表 7.3 的列(5)中可以看出,COR 与 ROA 在 1% 水平上显著相关,且系数为负。这表明地区腐败程度越高,国有上市企业(公司)绩效越低,国有上市企业(公司)治理效率越低,地区腐败程度每提高 1 个单位,国有上市企业(公司)绩效下降 0.521 个单位。腐败问题会造成社会经济资源浪费,进而扭曲国有上市企业(公司)与政府资源配置,对国有上市企业(公司)发展产生不利影响。一方面,腐败行为会增大国有上市企业(公司)发展过程中的经营与法律风险,增加国有上市企业(公司)的代理成本,恶化国有上市企业(公司)的治理效率。另一方面,地区腐败问题会使国有上市企业(公司)管理层的选拔机制失效,减弱市场经济、产品市场竞争等外部市场的监督作用,严重扰乱市场资源配置,阻碍国有上市企业(公司)的企业治理。因此,地区腐败行为能够降低国有上市企业(公司)绩效,由此证明了本书的假设 2。

7.3.3　政府审计与地区腐败、国有上市企业(公司)绩效回归结果分析

从表 7.4 中的列(1)、列(3)、列(5)可以看出,在控制了政府规模、经济发展水平和公务员工资水平等变量后,COR 与 IMP ,PUN、CAS 均在 1% 水平上显著相关,且系数为负。说明政府审计揭示力、处罚力、协作力的力度越大,地区腐败的程度就越低,表明政府审计的治理职能够抑制当地的腐败程度。在控制变量方面,政府规模在表 7.4 的列(1)、列(3)、列(5)中结果均为在 1% 水平上显著正相关,地区财政支出占 GDP 比例的增加会滋生腐败行为,造成地区腐败程度的增加。这主要是因为:随着政府规模的扩大,经济资源的拥有量和地方财政支出都增加,偶尔存在部分国有企业(公司)的

表 7.4　政府审计与地区腐败、国有企业绩效回归结果

变量	(1) COR 模型式 (4.3)	(2) ROA 模型式 (4.4)	(3) COR 模型式 (4.3)	(4) ROA 模型式 (4.4)	(5) COR 模型式 (4.3)	(6) ROA 模型式 (4.4)
IMP	−1.339***	0.153***				
	(−4.59)	(2.81)				
PUN			−1.561***	0.268***		
			(−4.85)	(3.76)		
CAS					−0.969***	0.316***
					(−3.24)	(5.27)
COR		−0.029**		−0.044***		−0.055***
		(−2.11)		(−2.90)		(−3.76)
GDP	−0.082		−0.355*		−0.188	
	(−0.38)		(−1.64)		(−0.85)	
GSI	−16.979***		−15.368***		−17.608***	
	(−6.63)		(−4.99)		(−6.03)	
HC	−2.223***		−1.537**		−2.026***	
	(−3.74)		(−2.49)		(−3.18)	
CSP	3.703*		6.459***		5.075*	0.988***
	(1.75)		(3.52)		(1.92)	(18.68)
SIZE		0.982***		0.983***		−0.145***
		(18.52)		(18.55)		(−39.19)
LEV		−0.145***		−0.146***		0.027
		(−38.98)		(−39.13)		(0.72)
PRO		0.028		0.029		0.008***
		(0.83)		(0.81)		(6.28)
OCA		0.008***		0.009***		0.116***
		(6.53)		(6.47)		(9.76)
Constant	14.27**	0.106***	5.412***	0.089***	27.438***	Yes
	(2.00)	(7.73)	(3.49)	(5.89)	(4.34)	5 377
YEAR，INDU	Yes	Yes	Yes	Yes	Yes	0.228
Observations	183	5 359	183	5 373	184	
R^2	0.409	0.224	0.412	0.225	0.372	

注：***、** 和 * 分别表示在 1%、5%、10%显著性水平下显著。

寻租行为,造成腐败现象的滋生蔓延;此外政府规模的扩大会在一定程度上造成资源浪费,使政府直接领导的权利相对减弱,增加许多中间环节,加重了国有企业(公司)的负担,进一步滋生腐败行为。公务员工资水平在表7.4的列(1)、列(3)、列(5)中表示,结果均与地区腐败显著负相关,这表明公务员工资水平的提高会使政府部门人员不抵制国有企业(公司)的寻租行为,从而遏制腐败的滋生蔓延,促进反腐败治理。万广华、吴一平(2012)从工资激励的角度实证研究了中国反腐败治理的效果,与本章结论一致。GDP 在表7.4 的列(1)、列(3)、列(5)中显示,其与地区腐败程度挂钩,成不显著负相关。模型式(4.1)的回归结果表明,在不控制 COR 的情况下,ROA 与 IMP、PUN、CAS 均在1%的水平上显著正相关,反映出政府审计治理功能可以纠正国有企业(公司)运行方向的偏差,提升国有企业(公司)的运行效率和经济效益,从而保障国有企业(公司)绩效的平稳提升,而这与中介效应分析的前提条件相吻合。模型式(4.3)的回归结果揭示了 COR 与 IMP、PUN、CAS 均在5%的水平上显著负相关,说明政府审计重视公正公开,能够有效遏制地区腐败程度。从模型式(4.4)的回归结果可知,COR 与 ROA 在1%的水平上显著负相关,同时,ROA 与 IMP、PUN、CAS 在1%的水平上显著正相关。根据中介效应的依次检验法,政府审计的治理功能与国有企业(公司)绩效直接挂钩,呈正相关关系;而政府审计的治理功能显著抑制地区腐败程度。在同时回归政府审计的揭示力、政府审计处罚力、政府审计协作力与地区腐败以及国有企业(公司)绩效的情况下,地区腐败与国有企业绩效显著负相关,政府审计治理功能与国有企业(公司)绩效显著正相关,说明政府审计能显著促进国有企业(公司)绩效。因此,政府审计能够有效遏制腐败行为,提高国有企业(公司)绩效,而地区腐败程度在此过程中发挥着不完全的中介效应,本书的假设3得到验证。

7.4 稳健性检验

为了使本章的研究结果更加稳健,借鉴以前研究中的做法,通过以下方法进行稳定性检验:

(1) 中国国有上市企业(公司)的绩效评分等级呈不均衡分布态势,且总体等级偏低。为了测试研究结论的稳健性,本章使用国有上市企业(公司)绩效评分等级作为被解释变量,即国有上市企业(公司)绩效评分等级,在一定程度上可代表着其绩效表现信息披露的质量,等级的高低与信息披露的质量高低呈正相关,同时取值也随之变化。

此时,本章采用 Ologit 模型进行回归分析,结果如表 7.5 所示,在列(2)中,政府审计介入的下一年中,系数为 0.383,政府审计与国有企业(公司)绩效信息披露质量在 1‰ 显著性水平呈正相关。在列(3)中,政府审计介入的第三年中的政府审计回归系数为 0.284,并且在 10% 的水平上显著。而在列(1)和列(4)当中,政府设计介入的第一年和政府审计的第四年,与国有企业(公司)无显著相关关系。该结果与本章以上结果一致,即政府审计能够显著提高国有企业(公司)绩效信息披露质量,但该影响具有一个不可忽略的特点,即滞后性。该检验增强了本章研究结果的说服力。

表 7.5 社会责任信息披露质量的重新度量

变量	(1)	(2)	(3)	(4)
IMP	0.134			
	(0.92)			
PUN		0.383***		
		(2.67)		
CAS			0.284*	
			(1.79)	

续表

变量	(1)	(2)	(3)	(4)
COR				−0.007
				(−0.04)
GDP	−1.385***	−1.377***	−1.386***	−1.389***
	(−4.33)	(−4.32)	(−4.34)	(−4.35)
GSI	−0.016	−0.018	−0.017	−0.016
	(−0.57)	(−0.62)	(−0.61)	(−0.56)
HC	−0.007*	−0.007*	−0.007*	−0.007*
	(−1.72)	(−1.74)	(−1.71)	(−1.69)
CSP	0.019	0.019	0.019	0.019
	(0.74)	(0.75)	(0.75)	(0.73)
LEV	−0.032	−0.033	−0.033	−0.033
	(−0.39)	(−0.41)	(−0.41)	(−0.39)
SIZE	0.658***	0.655***	0.657***	0.661***
	(14.53)	(14.53)	(14.51)	(14.61)
PRO	−7.148***	−7.219***	−7.169***	−7.123***
	(−3.03)	(−3.08)	(−3.06)	(−3.01)
OCA	0.189	0.199	0.201	0.191
	(0.21)	(0.2)	(0.22)	(0.21)
CONSTANT	14.609***	14.669***	14.623***	14.590***
	(12.96)	(13.04)	(12.99)	(12.92)
OBSERVATIONS	−0.052	−0.047	−0.049	−0.053
	(−0.38)	(−0.34)	(−0.37)	(−0.39)
INDU	控制	控制	控制	控制
YEAR	控制	控制	控制	控制
N	7 317	7 317	7 317	7 317
Pseudo R^2	0.190 9	0.191 5	0.191 1	0.190 9

注:***、**、* 分别表示在1%、5%、10%显著水平上显著。

(2) 由于被审计的国有上市企业(公司)和未被审计的国有上市企业(公司)之间可能本身存在一定的差异性,以防这种差异性对研究产生的影响,本章采用一对一倾向得分匹配的方法,从各年度未经过政府审计的国有上市企业(公司)中得到控制组样本。

　　具体过程如下：首先以各年度经过政府审计的样本作为实验组样本，然后将所有控制变量单独选出，以它们作为 PSM 倾向得分匹配法的解释变量，采用 logit 临近匹配的方法，以一对一的方式通过匹配得到控制组样本，检验两组样本匹配前后的组间差异，最后利用本章中的模型对两组样本进行回归分析。PSM 匹配效果见表 7.6，匹配后样本消除了实验组和控制组中政府审计以外的其他因素差异。表中可以看到，在匹配之前的两组样本中，3 个变量组间都在 5% 以上的显著性水平存在差异，但是在匹配之后的两组样本中，组间的显著差异却不复存在，说明本次匹配效果比较理想。

表 7.6　PSM 匹配前后样本对比

变量	匹配前			匹配后		
	处理组	对照组	*T* 值	处理组	对照组	*T* 值
GDP	0.538	0.524	1.14	0.538	0.532	0.34
GSI	0.445	0.461	−0.19	0.447	0.519	−0.66
HC	42.773	39.026	4.19***	42.712	43.757	−0.82
CSP	9.468	9.318	1.34	9.473	9.546	−0.45
LEV	2.462	2.462	−0.00	2.463	2.503	−0.86
SIZE	23.266	22.682	7.22***	23.255	23.159	0.74
CSP	0.005	0.005	−0.36	0.005	0.003	1.79*
PRO	0.373	0.369	1.12	0.373	0.368	1.32
CONSTANT	0.028	0.032	−1.38	0.028	0.028	−0.17
OCA	0.058	0.098	−2.34**	0.058	0.051	0.37

注：*** 、** 、* 分别表示在 1%、5%、10%显著水平上显著。

　　在表 7.7 中列（2）回归中，政府审计回归系数为 3.394，并且政府审计介入与国有企业（公司）社会责任信息披露质量之间在 5% 的显著性水平上显著正相关，而在政府审计介入的其他年度均不显著，说明在控制对照样本后，政府审计对国有企业（公司）绩效信息披露质量的显著正向作用仍然存在，并且该影响具有滞后性。

表 7.7 PSM 匹配后的回归结果

变量	(1)	(2)	(3)	(4)
IMP	8.566			
	(1.34)			
PUN		3.394**		
		(1.99)		
CAS			−2.096	
			(−0.33)	
COR				1.644
				(0.29)
GDP	−11.289	−11.623	−11.477	−11.199
	(−1.31)	(−1.35)	(−1.33)	(−1.29)
GSI	−0.861	−0.902	−0.905	−0.893
	(−0.58)	(−0.59)	(−0.61)	(−0.59)
HC	0.134	0.138	0.136	0.134
	(1.26)	(1.29)	(1.28)	(1.26)
CSP	0.097	0.079	0.074	0.087
	(0.14)	(0.11)	(0.11)	(0.12)
LEV	−4.755	−4.861*	−4.903*	−4.862
	(−1.63)	(−1.66)	(−1.68)	(−1.66)
SIZE	3.867***	3.994***	3.964***	3.948***
	(3.39)	(3.49)	(3.48)	(3.46)
PRO	106.481*	102.945	104.706	105.381
	(1.67)	(1.60)	(1.64)	(1.65)
OCA	−1.291	0.069	0.591	0.268
	(−0.07)	(0.01)	(0.04)	(0.02)
CONSTANT	131.555***	130.916***	131.551***	131.847***
	(4.89)	(4.86)	(4.89)	(4.89)
OBSERVATIONS	−1.749	−2.201	−2.123	−2.094
	(−0.41)	(−0.51)	(−0.49)	(−0.49)
INDU	控制	控制	控制	控制
YEAR	控制	控制	控制	控制
N	584	584	584	584
R^2	0.434	0.434	0.433	0.433

注:***、**、*分别表示在 1%、5%、10%显著水平上显著。

7.5 进一步研究

随着资本市场越发繁荣,国有企业(公司)在推进国家实现现代化,保障社会和经济的和谐、稳定等方面发挥出不可或缺的作用。

2015 年 9 月,中共中央、国务院正式出台《关于深化国有企业改革的指导意见》,强调要切实加强国有企业内外部监督,加快形成全面覆盖、分工明确、协同配合、制约有力的国有资产监督体系,促进国有企业加快步伐,度过攻坚阶段。中央企业是国有企业的中流砥柱,它的治理水平对国有企业改革的重要性不言而喻。相比于地方国有企业,中央企业拥有更丰富的资源、更先进的技术、更完备的制度。目前国内外学者对于政府审计的研究多集中于宏观经济层面,很少划分中央企业与地方国有企业,研究政府审计对于两者之间的作用差异。基于以上分析,本章按照国泰安数据库国有企业的层级判断将全部国有企业样本分为中央企业与地方国有企业,进一步研究在中央企业与地方国有企业中,政府审计、地区腐败与企业绩效三者之间的关系。

本章将层级判断按照国家与地方分组。其共有中央企业(公司)样本1 794 个,地方国有企业(公司)共有样本 3 607 个。实证结果如表 7.5、表7.6、表 7.7 所示。表 7.5 与表 7.6 的列(1)—列(3)表明无论是在中央企业(公司)还是地方国有上市企业(公司)中,政府审计的揭示力、惩罚力与协作力均与国有上市企业(公司)绩效显著正相关,说明无论国有上市企业(公司)的层级,政府审计的治理越有效,国有上市企业(公司)的绩效就越高,政府审计对于促进中央企业(公司)与地方国有上市企业(公司)绩效都具有重大意义。

但进一步分析可得,相比于地方国有上市企业(公司)样本,中央企业(公司)样本中政府审计对于国有上市企业(公司)绩效的影响更显著,而且政府审计揭示力与处罚力的系数略高,说明在中央企业(公司)中政府审计更能促进国有上市企业(公司)绩效的提升,这可能与中央企业(公司)拥有更丰富的资源、更先进的技术、更完备的制度有关。地区腐败对于国有上市企业(公司)绩效的影响如表7.5与表7.6的列(4)所示:地区腐败能够降低中央企业(公司)以及地方国有企业(公司)的绩效,且对中央企业(公司)绩效的影响更明显。

最后将地区腐败作为政府审计影响国有上市企业(公司)绩效的中介变量,结果如表7.7所示,发现中介作用在国有上市企业(公司)样本中呈现的结果是显著的,不论它们归属于地方还是中央。通过将国有上市企业(公司)层级分组研究,证实了无论是在中央企业(公司)还是地方国有上市企业(公司)中,虽然各国有企业(公司)面临的制度环境不同,但是不能忽视制度环境对于国有上市企业(公司)发展的影响。国有上市企业(公司)应充分重视腐败治理与政府审计对于加强国有上市企业(公司)治理、提高国有上市企业(公司)绩效的积极意义。

8 政府审计对国有上市企业(公司)社会责任信息披露质量影响的实证分析

8.1 描述性统计

根据以上所描述方法对样本进行处理筛选之后,得到最终观测值 8 319 个,相关变量的描述性统计如表 8.1 所示。*CSR* 的最大值为 77.59,而最小值为 −3.06,标准差在 20 以上,可见国有上市企业(公司)之间的信息披露质量存在很大差异。*Audit* 作为虚拟变量,均值为 0.06,说明被政府审计国有上市企业(公司)较少,这是由于政府审计工作强度大,持续时间较长,内容繁多引起的。*Lev* 平均值为 0.52,最小值为 0.09,最大值为 0.95,表明资产负债率的总体水平较高,达到了 0.5,且其差距较大。*Growth* 的最大值为 9.65,最小值为 −0.69,中位数为 0.14,这说明超过一半的国有企业(公司)成长性较好,均为能够在下一年达到营业收入的增长。*Largest* 的最大值为 77.13,最小值为 11.50,标准差也达到了 15.6,表明国企之间第一大股东持股比例相差很大。*Board* 的最大值为 19,最小值为 4,平均值为 9.33。*Age* 的最大值为 3.19,最小值为 0。*Size* 的平均值为 22.66。*Mshare* 的最大值为 0.15,最

小值为 0。*Indratio* 的平均值为 0.38。*Roa* 的最大值为 0.18,最小值为
−0.17,也说明国有企业(公司)之间盈利能力差距较大。*Dual* 的平均值仅
为 0.09,标准差为 0.291,说明国有企业(公司)高管和董事长两职合一的情
况在国有企业(公司)中并不多见。

表 8.1　描述性统计

变量	样本数	平均值	中位数	标准差	最小值	最大值
CSR	8 319	29.43	23.26	20.42	−3.06	77.59
Audit	8 319	0.06	0	0.21	0	1.000
Lev	8 319	0.52	0.53	0.20	0.09	0.95
Growth	8 319	0.46	0.14	1.340	−0.69	9.65
Largest	8 319	39.38	38.63	15.60	11.50	77.13
Board	8 319	9.33	9	1.89	4	19
Age	8 319	2.46	2.64	0.64	0	3.19
Size	8 319	22.66	22.47	1.38	20.06	26.69
Mshare	8 319	0	0	0.02	0	0.15
Indratio	8 319	0.38	0.33	0.05	0.33	0.57
ROA	8 319	0.03	0.03	0.05	−0.17	0.18
Dual	8 319	0.09	0	0.291	0	1.000

8.2　相关性分析

本章参考以往的研究方法,使用了皮尔森系数和斯皮尔曼系数相关性
分析,初步判断个别变量之间是否存在严重的多重共线性。根据表 8.2 显
示,解释变量与控制变量之间的相关性系数均小于 0.1,说明解释变量与控
制变量之间基本不存在多重共线性问题。

从表 8.2 中可以看出,解释变量 *Audit* 与 *CSR* 之间的相关性系数为
0.022,存在着正向相关关系,并且在 10% 的水平上显著,这也初步验证了本
书的假设 4,政府审计的介入会提高国有上市企业(公司)的社会责任信息披

表 8.2 相关性分析

变量	CSR	Audit	Lev	Growth	Largest	Board	Age	Size	Mshare	Indratio	ROA	Dual
CSR	1	0.022*	-0.061***	0.003	0.171***	0.089***	-0.085***	0.335***	0.079***	0.023*	0.506***	-0.009
Audit	0.022*	1	0.029**	0.024*	0.058***	0.009	-0.032***	0.079***	-0.016	0.022*	-0.013	-0.016
Lev	-0.061***	0.027**	1	0.074***	0.013	0.055***	0.094***	0.413***	-0.049***	0.063***	-0.449***	0.009
Growth	0.003	-0.001	0.099***	1	-0.025**	-0.039***	0.029**	-0.017	0.034***	0.023*	-0.008	-0.006
Largest	0.147***	0.056***	0.008	0.001	1	-0.013	-0.163***	0.278***	-0.289***	0.077***	0.119***	-0.069***
Board	0.108***	0.013	0.062***	-0.055***	0.009	1	-0.105***	0.188***	0.018	-0.287***	0.044***	-0.079***
Age	-0.095***	-0.021*	0.165***	0.049***	-0.166***	-0.076***	1	0.068***	0.006	0.005	-0.109***	-0.004
Size	0.323***	0.099***	0.397***	-0.005	0.297***	0.209***	0.043***	1	-0.024**	0.149***	-0.007	-0.042***
Mshare	-0.011	-0.002	-0.128***	0.019	-0.161***	-0.027**	-0.339***	-0.102***	1	-0.053***	0.096***	0.075***
Indratio	0.036***	0.025**	0.069***	0.012	0.099***	-0.314***	-0.006	0.164***	-0.03***	1	-0.054***	0.032***
ROA	0.399***	-0.003	-0.425***	-0.016	0.114***	0.039***	-0.142***	0.039***	0.107***	-0.048***	1	-0.008
Dual	-0.017	-0.016	0.013	-0.009	-0.073***	-0.067***	-0.008	-0.039***	0.022*	0.042***	-0.005	1

注：***，**，*分别表示在 1%、5%、10%显著水平上显著。

露质量。同时社会责任信息披露质量与第一大股东持股比例、董事会规模、国有企业(公司)规模、独立董事占比和资产净利率都在1%的显著性水平上呈正相关关系,而与国有上市企业(公司)的资产负债率、国有上市企业(公司)上市时间在1%显著性水平上呈负相关关系。这表明社会责任信息披露质量不仅受到政府审计的影响,还有别的要素对其产生了影响。

因此本章选取的控制变量对研究国有企业(公司)社会责任信息披露质量存在一定的影响,在验证本著作假设时,加入这些控制变量是必要的。

8.3 回归分析

8.3.1 政府审计与社会责任信息披露质量回归结果

政府审计与社会责任信息披露质量的回归结果见表8.3,为了研究政府审计对国有上市企业(公司)社会责任信息披露质量影响效果的滞后性,本章参考以往的研究方法,加入政府审计的滞后期,*LAudit* 1、*LAudit* 2、*LAudit* 3分别代表政府审计介入的第二年,第三年和第四年,由表可以看出政府审计介入的第二年,即审计结果公告年度,与国有上市企业(公司)社会责任信息披露质量在5%显著性水平上呈正相关关系,系数为2.856,说明政府审计对国家控股的企业的社会责任信息披露质量的影响具有滞后性,在政府审计介入的下一个年度,经过政府审计的国有上市企业(公司),由于社会责任的缺失,会影响国有上市企业(公司)的未来经营状况,威胁国有上市企业(公司)的生存和持续发展,所以在政府审计的过程中会加入较多的审计程序以了解被审计单位的社会责任履行情况,在发现问题时会要求国有上市企业(公司)加以改正,以帮助国有上市企业(公司)积极承担相应的社

表 8.3　政府审计与国有企业社会责任信息披露质量回归结果

变量	(1)	(2)	(3)	(4)
Audit	0.335			
	(0.33)			
LAudit 1		2.856**		
		(2.53)		
LAudit 2			0.498	
			(0.42)	
LAudit 3				0.722
				(0.57)
Lev	-11.504^{***}	-11.437^{***}	-11.496^{***}	-11.494^{***}
	(-5.31)	(-5.28)	(-5.31)	(-5.29)
Growth	-0.029	-0.036	-0.031	-0.029
	(-0.17)	(-0.22)	(-0.18)	(-0.18)
Largest	-0.022	-0.023	-0.022	-0.022
	(-0.81)	(-0.84)	(-0.81)	(-0.81)
Board	0.083	0.086	0.083	0.082
	(0.41)	(0.42)	(0.39)	(0.39)
Age	-0.589	-0.596	-0.593	-0.592
	(-0.98)	(-0.99)	(-0.99)	(-0.99)
Size	5.643^{***}	5.609^{***}	5.642^{***}	5.641^{***}
	(19.07)	(19.02)	(19.05)	(19.09)
Mshare	-21.367	-21.556	-21.389	-21.378
	(-1.39)	(-1.43)	(-1.41)	(-1.41)
Indratio	1.362	1.417	1.377	1.369
	(0.21)	(0.22)	(0.22)	(0.22)
ROA	134.928^{***}	135.254^{***}	134.958^{***}	135.039^{***}
	(19.19)	(19.29)	(19.19)	(19.18)
Dual	-0.055	-0.018	-0.049	-0.052
	(-0.07)	(-0.03)	(-0.06)	(-0.06)
Indu	Yes	Yes	Yes	Yes
Year	Yes	Yes	Yes	Yes
cons	-100.119^{***}	-99.355^{***}	-100.082^{***}	-100.044^{***}
	(-16.05)	(-15.94)	(-16.04)	(-16.09)
N	8 319	8 319	8 319	8 319
R^2	0.363	0.364	0.365	0.364

注:***、**、*分别表示在1%、5%、10%显著水平上显著。

会责任,以及落实与之相关的信息披露,如此可以提升社会责任信息披露质量,这也进一步验证了本书的假设 1。由于 *LAudit* 2 和 *LAudit* 3 的系数分别为 0.498 和 0.722,而在政府审计介入当年、审计介入第三年和第四年,国有上市企业(公司)社会责任信息披露质量没有受到影响,在验证了政府审计的影响具有滞后性的同时,可能也说明了政府审计对社会责任信息披露质量影响的持续性较弱,只在政府审计介入的第二年度产生效用。

另外,国有上市企业(公司)社会责任信息披露质量与资产负债率呈负相关关系,这与相关性分析中的结果一致。国有上市企业(公司)规模与社会责任信息披露质量在 1‰ 显著性水平上呈正相关关系,由此表明,随着国有上市企业(公司)规模的扩大,国有上市企业(公司)为了获得持续盈利,以及更好的未来发展,会更加关注国有上市企业(公司)社会责任问题,以从外界获得良好的社会形象和声誉。资产负债率与社会责任信息披露质量在 1‰ 显著性水平上呈正相关关系,也同样说明,企业盈利能力越强,越关注社会责任的履行,并且会投入更多精力致力于提高社会责任信息披露质量。

8.3.2　市场化水平的影响回归结果

市场化水平的影响,如表 8.4 所示,本章将样本分为市场化水平高、低两组,分别进行回归分析,可以看到在市场化水平较低的国有上市企业(公司)中,政府审计介入当年、第二年、第三年和第四年与国有上市企业(公司)社会责任信息披露质量均无显著关系,而在市场化水平较高组中,政府审计介入的下一年度与社会责任信息披露质量在 5‰ 的显著性水平上呈正相关关系,由此可知,法律制度环境对提升国有企业(公司)社会责任起到了举足轻重的作用,即较完善的法律环境有利于国有上市企业(公司)更积极的承担其相应的社会责任。市场化进程度高的地区,国有上市企业(公司)的现代

表 8.4　市场化水平的影响

变量	市场化水平低				市场化水平高			
	(1)	(2)	(3)	(4)	(5)	(6)	(7)	(8)
Audit	−0.386 (−0.28)				0.595 (0.45)			
LAudit 1		2.002 (1.28)				3.222** (2.18)		
LAudit 2			0.747 (0.39)				0.139 (0.09)	
LAudit 3				−0.593 (−0.34)				1.374 (0.79)
Lev	−14.433*** (−4.79)	−14.325*** (−4.77)	−14.389*** (−4.78)	−14.449*** (−4.79)	−7.349** (−2.43)	−7.409** (−2.46)	−7.344** (−2.43)	−7.359** (−2.44)
Growth	−0.377* (−1.89)	−0.384* (−1.94)	−0.383* (−1.92)	−0.378* (−1.89)	0.356 (1.39)	0.352 (1.39)	0.357 (1.42)	0.352 (1.39)
Largest	−0.062* (−1.66)	−0.063* (−1.66)	−0.062* (−1.67)	−0.063* (−1.67)	0.012 (0.29)	0.009 (0.24)	0.012 (0.29)	0.012 (0.29)
Board	0.083 (0.9)	0.087 (0.29)	0.083 (0.29)	0.084 (0.29)	0.143 (0.49)	0.139 (0.49)	0.142 (0.49)	0.139 (0.49)
Age	−0.228 (−0.26)	−0.229 (−0.27)	−0.228 (−0.27)	−0.223 (−0.25)	−0.989 (−1.27)	−1.002 (−1.29)	−0.991 (−1.28)	−0.994 (−1.27)
Size	5.759*** (11.88)	5.749*** (11.92)	5.756*** (11.89)	5.759*** (11.89)	5.359*** (13.59)	5.315*** (13.49)	5.368*** (13.58)	5.353*** (13.57)

续表

变量	市场化水平低				市场化水平高			
	(1)	(2)	(3)	(4)	(5)	(6)	(7)	(8)
Mshare	−28.283	−27.518	−27.859	−28.315	−27.173	−27.775	−27.076	−27.255
	(−1.23)	(−1.19)	(−1.21)	(−1.23)	(−1.39)	(−1.45)	(−1.39)	(−1.42)
Indratio	7.312	7.286	7.319	7.265	−3.413	−3.293	−3.452	−3.476
	(0.78)	(0.78)	(0.78)	(0.78)	(−0.38)	(−0.37)	(−0.39)	(−0.39)
ROA	128.823***	129.172***	128.899***	128.709***	134.556***	134.705***	134.538***	134.696***
	(13.39)	(13.48)	(13.44)	(13.39)	(13.44)	(13.48)	(13.42)	(13.43)
Dual	−0.959	−0.923	−0.943	−0.959	0.952	0.999	0.949	0.964
	(−0.72)	(−0.69)	(−0.69)	(−0.72)	(0.76)	(0.79)	(0.76)	(0.76)
Indu	Yes	Yes	Yes	Yes	Yes	Yes	Yes	Yes
Year	Yes	Yes	Yes	Yes	Yes	Yes	Yes	Yes
cons	−101.692***	−101.449***	−101.589***	−101.698***	−94.218***	−93.144***	−94.402***	−93.996***
	(−10.48)	(−10.49)	(−10.48)	(−10.49)	(−11.36)	(−11.22)	(−11.39)	(−11.35)
N	4 604	4 604	4 604	4 604	4 713	4 713	4 713	4 713
R^2	0.349	0.349	0.349	0.349	0.375	0.375	0.374	0.375

注:***、**、*分别表示在1%、5%、10%显著水平上显著。

化管理体制更加完善,更加关注未来的发展,注重国有上市企业(公司)优良文化的培养,在价值追求上也更加侧重于社会责任等多元价值观。而在市场化水平较高组中,政府审计介入的当年、第三年和第四年均与国有上市企业(公司)社会责任信息披露质量不存在显著相关关系,这同样说明了,政府审计对国有上市企业(公司)社会责任的影响具有滞后性,并且该影响的只能持续一个年度,即审计结果公告年度。综上所述,相对于市场化水平较低地区,政府审计对国有上市企业(公司)社会责任信息披露质量的积极促进作用在市场化水平较高地区更为明显。

8.3.3　外部审计质量的影响回归结果

本章用相关企业(公司)是否选择国际"四大"会计师事务所来对自身进行审计,来区分外部审计质量的好坏,如选取经历了国际"四大"会计师事务所审计的企业为高质量审计公司,取值为1,否则为0。

结果如表 8.5 所示,在非国际"四大"会计师事务所组中,只有政府审计介入的第二年度,政府审计与国有上市企业(公司)社会责任信息披露质量之间在 5% 的显著性水平上为正相关,系数为 2.406,而在国有上市企业(公司)审计其他年度,与社会责任信息披露质量的相关关系均不显著;在国际"四大"会计师事务所组中,在政府审计介入的下一年度在 1% 的显著性水平上呈正相关关系,系数为 8.029,其他审计年度无显著相关关系。通过对两个系数大小和显著性进行比较,可以看出政府审计对国有上市企业(公司)社会责任信息披露质量正向作用在经历过质量较高的外部审计的国有上市企业(公司)中更加显著。并且本章为了使结果更加具有说服力,对审计介入的下一年度的非国际"四大"和国际"四大"会计师事务所组进行了组间差异的回归,SUE 模型检验结果为 4.19,说明两组之间系数差异更为显著,这

表 8.5 外部审计质量的影响

变量	非国际"四大"会计师事务所组				国际"四大"会计师事务所组			
	(1)	(2)	(3)	(4)	(5)	(6)	(7)	(8)
Audit	1.109 (1.02)				−2.775 (−0.98)			
LAudit 1		2.406** (1.98)				8.029*** (3.18)		
LAudit 2			0.799 (0.63)				−1.418 (−0.52)	
LAudit 3				0.456 (0.36)				2.358 (0.75)
Lev	−11.678*** (−5.29)	−11.663*** (−5.29)	−11.679*** (−5.29)	−11.688*** (−5.29)	−6.163 (−0.74)	−5.754 (−0.69)	−6.328 (−0.76)	−6.269 (−0.74)
Growth	0.019 (0.12)	0.016 (0.09)	0.018 (0.12)	0.022 (0.13)	−0.993 (−0.82)	−1.077 (−0.88)	−0.997 (−0.82)	−0.997 (−0.82)
Largest	−0.019 (−0.65)	−0.019 (−0.66)	−0.019 (−0.63)	−0.019 (−0.63)	−0.089 (−1.24)	−0.096 (−1.32)	−0.092 (−1.26)	−0.093 (−1.28)
Board	−0.032 (−0.15)	−0.032 (−0.15)	−0.034 (−0.16)	−0.034 (−0.16)	−0.136 (−0.25)	−0.197 (−0.36)	−0.163 (−0.32)	−0.169 (−0.32)
Age	−0.602 (−0.96)	−0.609 (−0.97)	−0.609 (−0.97)	−0.609 (−0.97)	−0.463 (−0.22)	−0.786 (−0.37)	−0.462 (−0.22)	−0.552 (−0.26)
Size	5.624*** (16.65)	5.619*** (16.69)	5.632*** (16.68)	5.635*** (16.69)	4.299*** (3.87)	4.052*** (3.64)	4.285*** (3.86)	4.196*** (3.78)

续表

变量	非国际"四大"会计师事务所组				国际"四大"会计师事务所组			
	(1)	(2)	(3)	(4)	(5)	(6)	(7)	(8)
Mshare	−19.579	−19.574	−19.529	−19.538	11.242	3.903	17.938	16.855
	(−1.26)	(−1.26)	(−1.26)	(−1.26)	(0.15)	(0.06)	(0.23)	(0.19)
Indratio	2.089	2.129	2.106	2.084	−6.572	−6.087	−6.846	−6.696
	(0.29)	(0.32)	(0.32)	(0.29)	(−0.39)	(−0.37)	(−0.42)	(−0.39)
ROA	129.838***	130.103***	129.858***	129.853***	202.043***	200.222***	202.324***	201.539***
	(18.68)	(18.75)	(18.67)	(18.65)	(6.69)	(6.76)	(6.64)	(6.67)
Dual	0.058	0.087	0.059	0.053	0.199	0.518	0.197	0.292
	(0.08)	(0.09)	(0.08)	(0.06)	(0.08)	(0.17)	(0.08)	(0.09)
Indu	Yes	Yes	Yes	Yes	Yes	Yes	Yes	Yes
Year	Yes	Yes	Yes	Yes	Yes	Yes	Yes	Yes
cons	−98.749***	−98.559***	−98.874***	−98.938***	−50.388*	−45.103	−49.739*	−47.578
	(−14.18)	(−14.19)	(−14.19)	(−14.24)	(−1.83)	(−1.63)	(−1.79)	(−1.73)
N	8 319	8 319	8 319	8 319	634	634	634	634
R^2	0.339	0.339	0.339	0.339	0.459	0.468	0.459	0.459

注：***、**、*分别表示在1%、5%、10%显著水平上显著。

也进一步验证了本书的假设 2。在其他相关条件一定时,相对于非国际"四大"会计师事务所组,政府审计对国有上市企业(公司)社会责任信息披露质量的正向作用在国际"四大"会计师事务所组中更明显。

8.4 稳健性检验

为了使本章的研究结果更加稳健,通过以下方法进行验证:

(1) 中国国有上市企业(公司)的社会责任评分等级呈分布不均衡状态,总体等级偏低。

为了检验研究结论的稳健性,本章使用国有上市企业(公司)社会责任评分等级作为被解释变量,即国有上市企业(公司)社会责任评分等级越高,说明其社会责任信息披露质量越好。

此时,本章采用 Ologit 模型进行回归分析,结果如表 8.6 所示,在列(2)中,政府审计介入的第二年系数为 0.384,政府审计与国有上市企业(公司)社会责任信息披露质量在 1% 显著性水平上呈正相关关系,在列(3)政府审计介入的第三年中,政府审计回归系数为 0.285,并且在 10% 的水平上显著。而在列(1)和列(4)当中,政府审计介入的第一年和政府审计的第四年,政府审计回归系数为 −0.008,说明与社会责任无显著相关关系。该结果与本著作以上结果一致,即政府审计能够提升国有上市企业(公司)社会责任信息披露质量,且该作用具有滞后性。该检验使本章结果更加具有说服力。

(2) 由于被审计的国有上市企业(公司)和未被审计国有上市企业(公司)之间可能本身存在一定的差异性,为了防止这种差异性对研究产生的影响,本章的控制组样本,取自各年度未被经过政府审计的国有上市企业(公司),且采用一对一倾向得分匹配的方法得到。

表 8.6　社会责任信息披露质量的重新度量

变量	(1)	(2)	(3)	(4)
Audit	0.135			
	(0.93)			
LAudit 1		0.384***		
		(2.68)		
LAudit 2			0.285*	
			(1.79)	
LAudit 3				−0.008
				(−0.05)
Lev	−1.386***	−1.379***	−1.388***	−1.389***
	(−4.34)	(−4.33)	(−4.35)	(−4.37)
Growth	−0.017	−0.018	−0.018	−0.017
	(−0.58)	(−0.63)	(−0.63)	(−0.58)
Largest	−0.008*	−0.008*	−0.008*	−0.008*
	(−1.73)	(−1.74)	(−1.72)	(−1.69)
Board	0.019	0.019	0.019	0.019
	(0.75)	(0.76)	(0.76)	(0.74)
Age	−0.033	−0.034	−0.034	−0.034
	(−0.39)	(−0.42)	(−0.42)	(−0.39)
Size	0.659***	0.656***	0.659***	0.663***
	(14.54)	(14.55)	(14.53)	(14.63)
Mshare	−7.149***	−7.219***	−7.169***	−7.124***
	(−3.04)	(−3.09)	(−3.07)	(−3.03)
Indratio	0.189	0.199	0.203	0.193
	(0.22)	(0.23)	(0.23)	(0.24)
ROA	14.608***	14.669***	14.624***	14.593***
	(12.97)	(13.06)	(12.99)	(12.93)
Dual	−0.054	−0.048	−0.049	−0.054
	(−0.39)	(−0.35)	(−0.38)	(−0.39)
Indu	Yes	Yes	Yes	Yes
Year	Yes	Yes	Yes	Yes
N	8 319	8 319	8 319	8 319
Pseudo R^2	0.190 9	0.191 6	0.191 3	0.190 9

注：***、**、*分别表示在 1%、5%、10%显著水平上显著。

表 8.7 PSM 匹配前后样本对比

变量	匹配前			匹配后		
	处理组	对照组	*T* 值	处理组	对照组	*T* 值
Lev	0.539	0.526	1.15	0.539	0.534	0.35
Growth	0.446	0.463	−0.19	0.449	0.519	−0.67
Largest	42.775	39.028	4.19***	42.714	43.759	−0.84
Board	9.469	9.319	1.35	9.475	9.548	−0.46
Age	2.464	2.464	−0.02	2.465	2.504	−0.87
Size	23.267	22.684	7.23***	23.256	23.159	0.76
Mshare	0.006	0.006	−0.38	0.006	0.005	1.79*
Indratio	0.375	0.369	1.13	0.374	0.369	1.34
ROA	0.029	0.034	−1.39	0.029	0.029	−0.18
Dual	0.059	0.099	−2.36**	0.059	0.053	0.39

注: ***、**、* 分别表示在 1%、5%、10%显著水平上显著。

具体过程如下:首先以各年度经过政府审计的样本作为实验组样本,然后将所有控制变量作为 PSM 倾向得分匹配法的解释变量,采用 logit 临近匹配的方法,一对一的方式通过匹配得到控制组样本,检验两组样本匹配前后的组间差异,最后利用本章模型对两组样本进行回归分析。PSM 匹配效果见表 8.7,匹配后样本消除了实验组和控制组中,一些政府审计以外其他因素的差异。

通过表中信息可以看到,在匹配之前的两组样本中 *Largest*、*Size* 和 *Dual* 变量组间都在 5%以上的显著性水平存在差异,但是在匹配之后的两组样本中,组间显著差异不复存在,说明本次匹配效果比较理想。

在表 8.8 中列(2)的回归中,政府审计回归系数为 3.399,并且政府审计介入与国有上市企业(公司)社会责任信息披露质量之间在 5%的显著性水平上显著正相关,而在政府审计介入的其他年度均不显著,说明在控制对照样本后,政府审计对国有上市企业(公司)社会责任信息披露质量的显著正向作用仍然存在,并且该影响具有滞后性。

表 8.8　PSM 匹配后的回归结果

变量	(1)	(2)	(3)	(4)
Audit	8.569			
	(1.37)			
LAudit 1		3.399**		
		(1.99)		
LAudit 2			−2.099	
			(−0.36)	
LAudit 3				1.647
				(0.29)
Lev	−11.292	−11.624	−11.479	−11.199
	(−1.33)	(−1.38)	(−1.37)	(−1.29)
Growth	−0.864	−0.905	−0.909	−0.896
	(−0.59)	(−0.61)	(−0.63)	(−0.62)
Largest	0.137	0.139	0.138	0.138
	(1.27)	(1.31)	(1.29)	(1.29)
Board	0.099	0.082	0.075	0.087
	(0.17)	(0.14)	(0.14)	(0.15)
Age	−4.757	−4.864*	−4.906*	−4.864
	(−1.64)	(−1.67)	(−1.69)	(−1.68)
Size	3.869***	3.997***	3.967***	3.949***
	(3.40)	(3.52)	(3.49)	(3.48)
Mshare	106.483*	102.947	104.708	105.384
	(1.69)	(1.64)	(1.67)	(1.67)
Indratio	−1.294	0.071	0.594	0.269
	(−0.09)	(0.04)	(0.06)	(0.04)
ROA	131.557***	130.917***	131.553***	131.849***
	(4.92)	(4.88)	(4.92)	(4.91)
Dual	−1.749	−2.204	−2.124	−2.096
	(−0.43)	(−0.54)	(−0.50)	(−0.52)
Indu	Yes	Yes	Yes	Yes
Year	Yes	Yes	Yes	Yes
N	773	773	773	773
R^2	0.436	0.437	0.436	0.437

注：***、**、*分别表示在1%、5%、10%显著水平上显著。

8.5　进一步研究

虽然本章在数据衡量标准以及数据获取方面存在着某些不足。但对于未来研究政府审计和社会责任信息披露方面,本章仍旧可以提供一定的参考作用并且具有一定的现实意义。有关研究在未来可以从以下几个方面着手:

(1) 考虑以其他衡量方式衡量国有上市企业(公司)社会责任信息披露质量,更加全面的研究政府审计对国有上市企业(公司)社会责任信息披露质量的影响机理。

(2) 政府审计作为国有上市企业(公司)外部的一种监督方式,能够对国有上市企业(公司)社会责任信息披露产生影响,但是仅仅依靠政府审计的外部监督远远不够,可以从中拓展影响国有上市企业(公司)社会责任信息披露质量的其他外部因素,通过尝试构建模型和关键性指标,更加全面地发掘影响国有上市企业(公司)社会责任信息披露质量的更多因素。

9 国有上市企业(公司)社会责任对财务绩效影响的实证分析

9.1 描述性统计

本章最终挑选出 295 家来自 2010—2018 年《南方周末》国有上市企业(公司)社会责任排行榜的上榜国有上市企业(公司)。为了从整体的角度出发,描述国有上市企业(公司)的特点及主要研究变量的构成情况,本章将利用均值、标准差、频率等统计量对样本主要变量的所属行业、数据特征方面进行描述性统计分析。

作为研究样本国有上市企业(公司)的行业划分主要依据《上市公司(企业)行业分类指引》(2014 年修订)和中国证监会公布的《上市公司(企业)行业分类结果》。从样本企业(公司)的行业分布来看,样本涵盖金融业、采矿业、建筑业、制造业和零售业等多个行业。其中,以国有上市企业(公司)为制造业企业(占比 46.32%)的样本数量最多,且远超于其他门类的样本数量。其次为金融业和采矿业,两者分别为 14.75% 和 10.87%,再次为建筑业,批发和零售业,交通运输、仓储和邮政业,占比均小于 10%。此外,本章中对房地产业,信息传输、软件和信息技术服务业,水利、环境和公共设施管理业,电力、热力、燃气及水的生产和供应业的样本也有所涉及,在样本中,这四类企业(公司)一共占比 8.08%,本章将这四个类型的国有上市企业(公司)合并为其他类呈现统计结果。

以上结果展现出了国有上市企业(公司)行业分布的特点,表明了国有上市企业(公司)改革是供给侧改革的当务之急。综上所述,样本的各个基本特征分布较为合理,因此,研究结论的外在效度在一定程度上得到保证。主要变量的描述性统计、样本国有上市企业(公司)的行业分布如表 9.1、表 9.2 所示。

表 9.1 **主要变量的描述性统计表**

主要变量	最小值	最大值	均值	标准差
ROE_{t+1}	−43.787 6	37.606 6	9.391 2	11.200 5
TQ_{t+1}	−2.402 6	0.354 2	0.049 2	0.214 9
CSR_t	27.24	81.82	42.687 1	10.114 66
$Size_t$	0.00	552 810.02	61 061.03	91 613.605
$Risk_t$	0.00	95.19	68.04	17.33
$Stru_t$	0.00	100.02	71.806 7	28.505 27
MHR_t	0.000 0	0.361 9	0.000 8	0.003 4

资料来源:作者自行整理而得。

表 9.2 **样本企业的行业分布表**

行业门类	频数	频率	累计频率
制造业	182	46.32%	46.32%
金融业	42	14.75%	61.05%
采矿业	31	10.87%	71.93%
建筑业	22	7.72%	79.65%
交通运输、仓储和邮政业	19	6.66%	86.32%
批发和零售业	16	5.61%	91.93%
其他	73	8.08%	100.00%

资源来源:作者根据相关资料整理而得。

9.2　相关性分析

本章使用皮尔森相关性分析,用以探究回归方程中主要变量间的相关系数以及其显著性,结果见表 9.3 所示。从相关系数矩阵中可看出,国企上市企业(公司)的社会责任与滞后 1 期的 ROE 有显著的正相关性(相关系数为 0.197,$p<0.01$),初步印证了前文的假设。但相关关系仅仅能说明变量间是否关联性,而它们之间的因果关系还要通过回归分析方法验证。下一节将以更为精确的统计,采用回归分析方法对这些变量间的作用机制加以验证。

表 9.3　主要变量间的相关性分析

序号	变量	$Size_t$	$Risk_t$	$Stru_t$	MHR_t	ROE_{t+1}	TQ_{t+1}	CSR_t
1	$Size_t$	1						
2	$Risk_t$	0.274**	1					
3	$Stru_t$	−0.234**	−0.140*	1				
4	MHR_t	−0.055	−0.047	0.028	1			
5	ROE_{t+1}	0.219**	0.102	0.079	0.127*	1		
6	TQ_{t+1}	0.165**	0.079	0.063	0.114	0.453**	1	
7	CSR_t	0.554**	0.149*	−0.175**	−0.054	0.199**	0.099	1

注:* $p<0.05$, ** $p<0.01$,双尾检验,$N=295$。

9.3　多重共线性、序列相关性、异方差性三大检验

多元线性回归需要进行三大检验——多重共线性、序列相关性以及异方差性,要想确保回归分析结果的可靠性和有效性,上述三大检验都不能存

在问题。据此,本章将分别做出检验。

第一,多重共线性检验。是指回归方程中,多个自变量之间存在共同的变化趋势,导致回归系数变小,标准差扩大。方差膨胀因子(Variance Inflation Factor,VIF)是判定多重共线性比较常用的方法。具体来说,VIF 值与变量间的共线性具有相关关系,且这种关系是正向的。经验判断规则是:当 $0 < VIF < 10$ 时,即可得出结论:不存在多重共线性;当 $10 \leqslant VIF < 100$ 时,表明存在的多重共线性较强;当 $100 \leqslant VIF$ 时,表明回归方程存在的多重共线性较严重。本章的检验结果为 $0 < VIF \leqslant 3.381$,见表 9.4 所示,因此,判断得出本章变量间不存在多重共线性问题。

表 9.4 国有上市企业社会责任对滞后 1 期财务绩效的回归结果

变量	模型 1(ROE_{t+1})			模型 2(TQ_{t+1})		
	β 值	T 值	VIF	β 值	T 值	VIF
CSP_t	0.304**	2.879	3.381	0.247*	2.278	3.379
$Size_t$	0.067	0.757	2.209	0.034	0.378	2.209
$Risk_t$	0.071	1.133	1.099	0.066	1.056	1.099
$Stru_t$	0.148*	2.469	1.069	0.115	1.879	1.069
$Yeardrum$ 2016	0.229*	2.264	3.148	0.195**	2.855	3.148
$Yeardrum$ 2017	0.164*	2.017	1.949	0.115	1.385	1.949
N	385			385		
Adjusted R^2	0.078			0.049		
DW	2.058			1.976		
F	4.863***			3.393**		

注:* 代表 $p < 0.05$,** 代表 $p < 0.01$,*** 表示 $p < 0.001$。

第二,序列相关性检验。是指不同时期获得的样本值之间存在相关关系,它违背了高斯—马尔科夫定理的条件。Durbin-Watson(DW)值判断序列相关问题比较常用的方法。当 $0 < DW < 4$ 时,判断准则为:DW 值接近 0 或 4 就越会对序列相关性问题的严重程度造成影响,且这种影响是正向的;当 DW 值接近 2 时,则序列相关性问题并不存在。有相关研究者给出的具

体判断标准是:当0<DW<DL,存在正一阶序列相关;当DL<DW<DU,无法对是否存在序列相关进行判断;当DU<DW<4-DU,不存在一阶序列相关;当4-DU<DW<4-DL,则无法对是否存在序列相关进行判断;当4-DU<DW<4,存在负一阶序列相关。本章得出的DW值全都接近2,由此可判定不存在序列相关问题。其中DL、DU、DW是检验的临界值,可通过查表获得。

第三,异方差性检验。该问题是指当被解释变量改变时,被解释变量的方差呈现出显著的变化趋势。散点图是检验异方差的一种常用方法。一般水平轴表示标准化预测值,垂直轴表示的是标准化残差,绘制出残差散点图,若散点分布呈现的是无规律的状态,则可以认为不存在异方差问题。本章根据以上方法绘制出散点图,如图9.1和图9.2,由图可知散点分布呈无序状,判定不存在异方差问题。

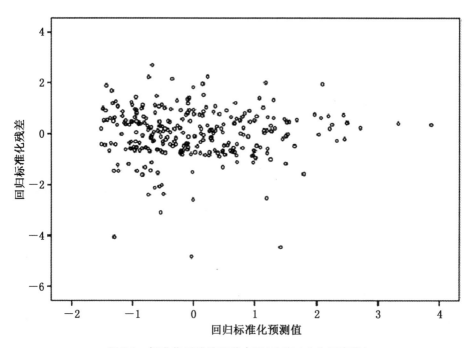

图9.1 标准化后残差项散点图(*ROE*＋1为因变量)

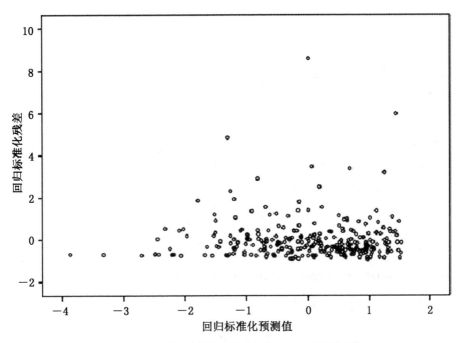

图 9.2　标准化后残差项散点图(*TQ*+1 为因变量)

9.4　回归检验结果

本章对两个模型分别进行分析,分析结果见表 9.5 所示。由表 9.5 中可以看出,模型 1 的 *F* 值在 0.1% 的水平上显著,模型 2 的 *F* 值在 1% 的水平上显著,由此刻得出模型拟合度较好。在模型 1 中,*t* 时期的国有上市企业(公司)社会责任显著正向影响 *t*+1 时期的 *ROE*($\beta=0.304$;$p<0.01$),假设 1 获得初步支持。在模型 2 中,*t* 时期企业(公司)社会责任显著影响 *t*+1 时期的托宾 *Q* 值($\beta=0.244$;$p>0.05$),本书的假设 2 通过检验,即国有上市企业(公司)社会责任正向影响滞后一期的基于市场的财务绩效(托宾 *Q* 值)。

9.5　调节效应检验结果

本章应用 SPSS 23.0 软件，通过层级回归方法（hierarchical regression model）对高管团队持股比例对国有上市企业（公司）的社会责任与财务绩效关系的调节作用进行了检验。

为了克服多重共线性的可能性，本章参考了以往研究惯例，在做调节效应分析前，对 CSR_t 和 MHR_t 两个变量进行了"中心化转换"（centering transformation），即变量减去其相应的均值。式（6.1）、式（6.2）两个回归方程的检验结果如表 9.5 和表 9.6 所示。

表 9.5　高管团队持股比例调节效应层级回归分析结果一

变量	模型 3		模型 4		模型 5		
	β 值	t	β 值	t	β 值	t	VIF
$Size_t$	0.237***	3.826	0.074	0.846	0.095	1.107	2.229
$Risk_t$	0.057	0.914	0.074	1.207	0.069	1.166	1.099
$Stru_t$	0.139*	2.307	0.143*	2.467	0.138*	2.363	1.074
$Yeardrum2016$	0.009	0.127	0.223*	2.194	0.225*	2.239	3.153
$Yeardrum2017$	0.035	0.489	0.163*	2.035	0.165*	2.078	1.949
CSR_t			0.302**	2.887	0.296**	2.866	3.379
MHR_t			0.139*	2.425	0.250***	3.654	1.508
$CSR_t * MHR_t$					0.198**	2.859	1.509
R^2	0.069		0.117		0.139	$DW=$	2.058
Adjusted R^2	0.053		0.094		0.116		
$\triangle R^2$			0.048		0.028		
F	4.079**		5.085***		5.587***		

注：* 代表 $p<0.05$ ，** 代表 $p<0.01$ ，*** 表示 $p<0.001$。因变量为 ROE_{t+1} ，β 值为标准化系数。

表 9.6 高管团队持股比例调节效应层级回归分析结果二

变量	模型 6		模型 7		模型 8		
	β 值	t	β 值	t	β 值	t	VIF
$Size_t$	0.169**	2.735	0.039	0.447	0.049	0.538	2.229
$Risk_t$	0.056	0.885	0.069	1.109	0.069	1.089	1.099
$Stru_t$	0.108	1.759	0.114	1.867	0.109	1.817	1.075
$Yeardrum2016$	0.119	1.719	0.289**	2.797	0.289	2.805	3.154
$Yeardrum2017$	0.009	0.138	0.117	1.389	0.118	1.399	1.949
CSR_t			0.244*	2.274	0.239	2.254	3.379
MHR_t			0.115	1.937	0.149	2.185	1.508
$CSR_t * MHR_t$					0.079	1.077	1.509
R^2	0.054		0.084		0.086	$DW = 1.989$	
Adjusted R^2	0.037		0.059		0.059		
ΔR^2			0.035		0.007		
F	2.994*		3.469**		3.177**		

注：* 代表 $p<0.05$ ，** 代表 $p<0.01$ ，*** 表示 $p<0.001$.因变量为 TQt_{+1}. β 值为标准化系数。

在以 $ROEt_{+1}$ 为因变量的模型中,使用层级回归检验高管团队持股比例的调节效应,结果如表 9.6 所示。由表 9.6 中,模型 5 的结果发现国有上市企业(公司)社会责任和高管团队持股比例的回归系数都正向显著($\beta=$ 0.296，$p<0.01$；$\beta=0.250$，$p<0.001$),这一方面再次印证了上文已经获得支持的本书假设 1,同时也证明高管团队持股比例能够对国有上市企业(公司)社会责任产生影响,且这种影响是正向的。结果显示调节项变量通过了显著性检验($\beta=0.198,p<0.01$),因此,本书的假设 3 得到通过了支持,即高管团队持股比例在国有上市企业(公司)社会责任与滞后 1 年的ROE 之间承担的调节作用得到了验证。当高管团队持股比例越高时,国有上市企业(公司)社会责任对财务绩效的正向影响关系也越明显,如图9.3 所示。

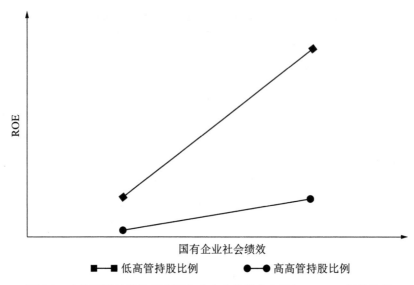

图 9.3   高管团队持股比例在国有上市企业社会责任与 ROE_{T+1} 调节作用

在以 TQ_{t+1} 为因变量的模型中,应用层级回归检验高管团队持股比例的调节效应,结果体现在表 9.6 中。检验步骤与前文调节效应检验相同,由表 9.6 可知,调节项变量未能通过显著性检验($t=1.047$)。由此可知,本书的假设 4 没能获得支持,国有上市企业(公司)社会责任对滞后 1 期的基于市场的财务绩效的正向关系在高管团队持股比例高的国有上市企业(公司)中不会更明显。

9.6   稳健性检验

第一,国有上市企业(公司)社会责任对财务绩效影响的稳健性检验。本书用 $t+1$ 时期的 ROA 替代 ROE,对各变量进行回归以检验回归结果的稳定性,所得结果体现在下表 9.8 中,t 时期的国有上市企业(公司)社会责任显著正向影响 $t+1$ 时期的 ROA,说明本研究结果具有稳健性。

表 9.7 国有上市企业(公司)社会责任对 ROA+1 的回归结果

变量	模型 9(ROA_{t+1})		
	系数	T 值	VIF
（常量）	3.107	1.038	
CSR_t	0.107*	1.976	3.165
$Size_t$	−0.000 002 589	−0.528	1.864
$Risk_t$	−0.109***	−6.325	1.089
$Stru_t$	0.049***	4.308	1.054
$Yeardrum2016$	2.357*	2.068	3.117
$Yeardrum2017$	0.859	1.006	1.924
Adjusted R^2		0.109	
DW		2.179	
F		10.838***	

注：* 代表 $p<0.05$ ，** 代表 $p<0.01$ ，*** 表示 $p<0.001$。

表 9.8 董事会持股比例调节效应层级回归分析结果

变量	模型 10		模型 11		模型 12		
	β 值	t	β 值	t	β 值	t	VIF
$Size_t$	0.000 000 248***	3.266	0.000 000 629	0.636	0.000 000 825 6	0.843	2.093
$Risk_t$	0.076*	2.167	0.079*	2.399	0.078*	2.332	1.117
$Stru_t$	0.57*	2.359	0.058*	2.568	0.056*	2.457	1.074
$Yeardrum2016$	−1.206	−0.795	3.556	1.584	3.653	1.648	3.104
$Yeardrum2017$	−0.427	−0.279	2.459	1.387	2.514	1.435	1.929
CSR_t			0.313**	2.946	0.309**	2.957	3.318
BHR_t			0.074**	3.009	0.109**	4.019	1.335
$CSR_t * BHR_t$					0.008**	2.778	1.338
R^2	0.087		0.143		0.165	D.W.= 2.048	
Adjusted R^2	0.069		0.119		0.139		
ΔR^2			0.058		0.025		
F	5.107***		6.426***		6.724***		

注：* 代表 $p<0.05$，** 代表 $p<0.01$，*** 表示 $p<0.001$,因变量为 TQt_{+1},β 值为标准化系数。

第二,高管团队持股比例调节效应的稳健性检验。本章选取董事会持股比例这一与高管团队持股比例相似的变量作为验证指标,应用了层次回归检验了董事会持股比例的调节效应,由表 9.7 可知,检验结果显示董事会持股比例对国有上市企业(公司)社会责任与财务绩效间关系起到了正向调节作用,证明了结论的稳定性。

9.7 进一步研究

作为焦点和热点问题,国有上市企业(公司)社会责任与财务绩效的关系一直受到研究者的青睐。本章通过梳理文献的同时结合案例研究以及实证研究,揭示了国有上市企业(公司)社会责任正向影响财务绩效的现象,并证实了高管团队持股比例对国有上市企业(公司)社会责任与财务绩效的关系具有正向调节作用,研究发现的结论颇具有理论意义和对现实的启发,同时本章也存在着一些不足之处。

第一,数据样本具有局限性。本章的中国有上市企业(公司)样本数据来自在《南方周末》国有上市企业(公司)社会责任排行榜中的国有上市企业(公司)。尽管国有上市企业(公司)的社会责任实践在整个国有上市企业(公司)中居于领先地位,然而,以这些上榜的国有上市企业(公司)为样本数据进行研究可能会对研究结论造成影响,因此具有一定的局限性。

第二,本书将高管团队持股比例作为调节变量引入,通过实证分析验证了研究假设,并对实证结果给出了机理解释。然而,国有上市企业(公司)社会责任与企业(公司)财务绩效间的关系还可能会受到一些其他潜在调节变量的影响,如动态环境、制度环境、广告强度等。

基于对本书的局限性及不足的认识,作者认为以本书为基础,在以下方向存在被将来的研究进一步探讨的价值。

第一,究其根本,国有上市企业(公司)改革的过程就是资源的重新分配,在改革过程中与利益相关者的关系发生变化是必然的。在改革过程中,国有上市企业(公司)怎样对利益相关者进行管理,如何与其维持良好的关系,如何协调平衡不同利益相关者的需求。这些方面还需要进一步的理论和实证研究。

第二,实质推进国有上市企业(公司)改革的前提是以功能和使命要求对国有上市企业(公司)进行分类。由此能够对不同类别国有上市企业(公司)的社会责任活动开展更细致的研究,也许会探索出新的成果。

第四部分

案例、结论及进一步讨论

10　国有上市企业（公司）社会责任对财务绩效影响案例研究

10.1　案例研究方案

10.1.1　案例研究理论预设

关于国有上市企业（公司）社会责任和财务绩效的关系，学者们基于各种理论进行了大量研究，但就其结论尚未形成一致观点。绝大部分学者认为，国有上市企业（公司）承担社会责任对其财务绩效形成正面影响。结合利益相关者理论研究发现，国有上市企业（公司）的盈利能力和发展能力在一定程度上取决于由利益相关者价值组成的动态体系，即通过满足利益相关者们的诉求来达到提高财务绩效的目的。而少数学者持相反观点，依据委托代理和新古典经济理论的视角，国有上市企业（公司）承担社会责任会加重财务绩效的负担，提高国有上市企业（公司）的成本，间接造成了股东利益的减少。

一些专家从其他理论视角肯定了国有上市企业（公司）参与社会责任活

动对财务绩效的积极作用,并基于不同理论进行了研究。Poter 和 Kramer
(2012)在研究战略性国有上市企业(公司)社会责任理论的基础上,进一步
提出国有上市企业(公司)实施社会责任活动能够提升国有上市企业(公司)
业务能力、激发企业(公司)创造力,获取竞争优势,间接提高盈利能力,从而
实现国有上市企业(公司)财务的高绩效。另一些研究者们结合国有上市企
业(公司)声誉效应,认为参与社会责任活动会为国有上市企业(公司)积累
社会声誉,引导利益相关者正向评价国有上市企业(公司),实现国有上市企
业(公司)的价值。还有部分学者利用资源基础观来解释社会责任和财务绩
效二者之间的关系。他们认为社会责任是一种难以积累和获取的资源,会
给国有上市企业(公司)提供源源不断的竞争力。

目前,国有上市企业(公司)的改革正处在持续推进的阶段,但由于中国
的市场经济体制的起步较晚、国有上市企业(公司)社会责任体系的构建不
健全,因此国有上市企业(公司)社会责任与财务绩效发展的冲突仍然存在。
那么,国有上市企业(公司)在现阶段履行社会责任的动因是什么;其目的是
为了提高国有上市企业(公司)财务绩效,改善利益相关者的管理,还是迫于
外界压力。基于以上背景和思考,本章将结合具体案例探究。

10.1.2　选择案例

案例的选择也是本章的重要一环。首先要考虑所选取案例的数量:研
究单个典型案例,能够检验较为成熟的理论或者对理论进行进一步拓展,也
便于对单个案例的全面多角度分析;研究多个案例,能够找到不同案例之间
存在的共性,从而归纳出更具说服力和普适性的结论。

另外,研究案例需要经过仔细挑选,一般以研究目的和运用的理论为依
据进行选择。本章的研究内容以及研究背景都具有一定的复杂性,因此将

会选择多个典型案例进行研究。

本章基于 Eisenhardt(1989)的理论,案例的选择需要考虑几个方面的因素。首先,要考虑案例本身的代表性和相关数据的可获得性。应当选取较为典型的国有上市企业(公司),一方面,能够获得较为充足的数据,提升信息的可得性;另一方面,典型国有上市企业(公司)对于社会经济具有影响力,社会公众对于国有上市企业(公司)履行社会责任也具有较高的关注度,增加了案例的可研究性。其次,要考虑外部因素对案例的干扰。本章选取的是国有上市企业(公司),避免了因国有上市企业(公司)性质等诸多因素而引起的差异,提升了研究的准确性。最后,要考虑案例之间的差异性。案例要基于国有上市企业(公司)这一大背景,进一步细分到不同行业,同时也考虑国有上市企业(公司)不同行业的国有上市企业(公司)对于社会责任履行的差异性,使得本章的案例更具对比性。

10.1.3　数据收集和分析方法

本章的数据来源分为两个方面,其一是国有上市企业(公司)内部的数据,例如国有上市企业(公司)的年报、社会责任报告等,其二是外部信息,主要包括媒体报道、权威机构评价和相关数据库等,利用多方面的信息以进行对比参考。本章综合使用两种方法,一种是定性的方法进行归纳、概括,另一种是定量的方法进行数据统计,力求为研究提供稳定、可靠且准确的结论。数据分析大致分为三个步骤。第一,基于前文的案例研究理论预设分析所选案例,找出案例的主要考察变量及其特征,主要集中于对国有上市企业(公司)是否制定社会责任战略、是否对利益相关者有对应的管理举措、是否参与环境保护这几个方面探讨国有上市企业(公司)社会责任;第二,在定义、理论等方面研究的基础上分析案例,并验证相应的结果;第三,比较、归纳案例中的数据,得出研究的结论。

基于以上研究与探讨,本章借鉴 Strauss(1987)的研究,对选题的探究采用分析性归纳方法从两个角度进行探讨:一是案例自身的分析;二是案例之间的比较分析。针对案例的研究是一个循序渐进的过程,在首个案例的研究中概括出理论框架,再通过后续其他案例比较分析的研究丰富框架的内容,最终得出较为完善的理论体系架构。

10.2　案例企业简介

现前,高水平的社会主义市场经济体制的建设正在持续推进,国有上市企业(公司)在国民经济持续健康发展中的作用越来越明显,是影响社会进步发展的中坚力量。一些关键的产业拥有战略性、稀缺性的资源,尤其是银行、能源、交通、化工企业等关键领域的企业规模较大,发挥着战略支撑作用。本章将选取 4 家不同行业的国有上市企业(公司),在各自行业内具有一定的代表性(这 4 家公司的情况是经过调研,手工收集而来的),同时行业之间的差异也较为明显。

1. A 单位(国有银行)

该公司性质为国有上市企业(公司),公司于 1984 年 1 月 1 日成立,2005年经银监会的批准改变为股份有限公司,2006 年公司完成了上市。公司旨在打造能够创造卓越价值和创新技术,值得客户信赖、安全可靠的具有全球影响力的现代金融企业(公司),其主要经营业务为公司存贷款、结算、投资等业务。公司始终聚焦主营业务活动,提高专业服务能力,积极运用互联网技术,坚持把创新融合到业务中去,不断增强市场竞争力,在行业中遥遥领先。近年来,为适应外部环境的变化和社会的飞速发展,公司不断推动业务转型发展,形成了一条国际化、市场化、专业化的公司发展的道路。目前,公司类贷款已达 9 万亿元人民币,公司存款规模达 12 万亿元人民币,公司全球客户群庞大,遍及境外多个国家及地区。公司在英国《银行家》和《欧洲货币》等多家权威杂志的银行排名中均名列前茅,成为全球最有价值的银行品牌。

2. B 公司(能源化工公司)

该公司性质为国有上市企业(公司),由中国石化集团于 2000 年 2 月 25 日依法设立,是一家具备较为完善销售网络的一体化能源化工公司。该公司于 2000 年成功在香港、纽约、伦敦交易所上市,2001 年在上交所上市。该公司的业务主要是进行石油与天然气的勘探、开采、运输和销售,同时也包括对石油衍生业(例如化工化纤、煤化产品)的生产与销售,以及其他技术业务。该公司是国内第二大油气生产商,下属 12 家油气生产企业,分布在东部、西部和南部地区。该公司实施市场、资源一体化战略,积极推进国际化战略,注重技术创新,对外贸易及科技合作迅速发展,取得显著的成果。此外,该公司品牌价值蝉联能源化工行业第一,始终在《财富》世界五百强前排名中居于前列。

3. C 公司(水利水电建设公司)

该公司性质为国有上市企业(公司),2019 年 11 月 30 日,经国务院批准,以中国水利水电建设集团公司和中国水电工程顾问集团公司为主导的多家公司共同建立了该建设股份有限公司,并于两年后在上交所上市。公司的业务范围覆盖电力能源、水资源、基础设施建设与房地产领域等多个产业,并在各领域内取得了优异的成果。公司坚持全球化战略、追求运营质量的提高和坚持可持续发展目标,塑造具有影响力和价值的品牌,为海内外客户提供一站式综合服务解决方案。作为全球风电、水电建设的引领者,公司承担了国内大部分的大中型水电站的设计规划任务及建设施工任务,另外,在全球也拥有广阔的水利建设市场,具有较强的国际影响力和竞争力。公司拥有完整的技术体系和服务体系,高边坡稳定性工程处理技术、覆盖层基础处理技术等一直处于世界的领先地位。公司积极响应国家政策,投入城镇化建设,进一步开拓基础设施建设等业务,推进PPP项目的持续健康发展,与此同时,注重水务管控体系的建设,参与生态文明工程。公司总体保持较快的增长态势,业绩稳步提升,在ENR全球工程设计企业及全球工程承包商中名列前茅。

4. D公司(钢铁生产和销售公司)

该公司性质为国有上市企业(公司),1997年,经国家经济体制改革委员会批准,由某钢铁集团发起设立了某新轧钢股份有限公司,同年7月,公司在港交所和联交所上市。2006年,经过工商部门的批准,该公司正式更名为某某钢铁股份有限公司,主要从事钢铁生产和销售,拥有先进钢铁生产流水线及配套设施,并组建了完善的销售网络。现在,公司拥有三大生产基地:鞍山、朝阳、营口,在郑州、武汉、广州等多地设立相匹配的销售机构,产业布局也进一步拓展向海外。公司产品较为多元,品种规格丰富,差异化优势明显,下游产品运用广泛,品牌知名度高。公司积极拓展海外市场,占有较大的市场份额,加强与海外公司的战略合作。公司注重创新,掌握了较多的核心技术,参与多个国家项目的研发,产品研发能力在同行业中居于领先地位。

10.3 案例数据分析

本章将描述各案例中各个企业(公司)的社会责任和财务绩效,并对此进行比较与评估,整个过程主要采用定性与定量分析法,总结出各案例中的相似点与不同点,为深入探究二者之间的关系提供思路。

10.3.1 国有上市企业(公司)社会责任

作为市场竞争和经济增长的支柱力量,国有上市企业(公司)在承担社会责任方面,必然要发挥主导作用。这主要体现在国有上市企业(公司)要与国家宏观政策的落实步调一致,尤其是在政府积极推动劳动力就业时,国有上市企业(公司)作为主力军,面向就业者提供了丰富的工作岗位。但在市场经济和国有企业改革不断推进的大背景下,国有上市企业(公司)寻求长远稳定的发展就不能仅靠公共财政,必须要发挥主观能动性,结合国有上市企业(公司)自身的情况,探索出适合的公司治理制度、经营战略和社会责任体系,从而提升国有上市企业(公司)的经营质量。在新一轮科技变革与产业变革中,企业能否在经济利益和社会责任之间形成平衡关系决定着发展的持久性,企业是否实施社会责任也影响着投资者对国有上市企业(公司)价值的评估。因此,公众对于国有上市企业(公司)的社会责任的关注度越来越高,媒体对于社会责任的报道也越来越多,国有上市企业(公司)加强与利益相关者交流,保护投资者等利益相关者,有利于国有上市企业(公司)树立良好的形象。现阶段,大多数国有上市企业(公司)已经认识到建立社会责任体系的必要性,利益相关者的构成及其关系日渐复杂,社会责任体系也需要随之更新与完善。关于国有上市企业(公司)社会责任体系的构建、评价,国内学者做了很多研究,本章在梳理相关文献后,参考黄群慧(2017)的观点,从三个维度对国有上市企业(公司)的社会责任进行归纳与分析:责任战略、环境责任和利益相关者管理。

10.3.2 国有上市企业(公司)财务绩效

随着市场经济改革的不断深入,财务绩效的状况关系着国有上市企业

表 10.1　案例企业社会责任

	A 单位 (国有银行)	B 公司 (能源化工公司)	C 公司 (水利水电建设公司)	D 公司 (钢铁生产和销售公司)
社会责任战略	该公司各级部门、各级行当共同推进，合力奋斗，实现市场竞争力最强、价值创造力最大、经营质量最优、品牌美誉度和客户满意度最佳的发展目标。该公司坚持以人民为中心，持续推进个人金融业务高质量发展；秉持开放、合作、共赢的发展理念，优化综合金融服务，将金融服务与政务、产业、消费有机结合，拓展下游客户，建设国际领先的绿色银行。	该公司积极推行本土化，市场化运作，在创造就业机会、促进地方经济发展的同时，努力实现经济、环境、社会协调发展。打造身投责任价值链，加强社区沟通与建设，不断完善产品质量管理体系，提升服务效能为客户和消费者提供高品质产品和服务。	该公司坚持社会责任目标与公司战略目标的一致性，积极推动下属公司及合作伙伴履行社会责任，将该公司治理、盈利水平、节能减排量、员工权益、公益活动等多维度具体指标纳入公司发展战略。	缺少责任战略。
环境责任	开展绿色金融政策，涵盖绿色信贷、绿色投资与绿色办公等。积极支持新能源发电、绿色基础设施建设、生态环境保护等绿色产业项目。该公司电子化交易笔数较高，有效推动了金融服务绿色转型、积极投资为污染治理绿色产业发展等领域提供国家绿色产业生态修复资金支持。该公司倡导绿色办公、通过技术升级、设备改造，持续推进"绿色银行"建设。	该公司秉承绿色发展与生态文明的理念，全面推进绿色净环境管理体系，全力以赴强化环境保护，大力推进节能减排，深入打好污染防治攻坚战，提高能源资源利用效率，加强土地资源管理和生物多样性保护，全面提升环境保护水平，致力于让绿色净成为中国石化高质量发展的鲜明底色。	聚焦环境，打造绿色生态链。该公司积极开发清洁能源，坚持节能优先、绿色健康发展理念，狠抓污染防治。积极参与长江大保护及黄河流域生态保护，发挥企业优势，在水生态环境领域治理方面取得重大进展。该公司坚持开展各项环保公益及宣传活动，推广环保理念。	该公司秉持绿色发展的理念，发掘产品制造，废弃物处理，能源转换方面的经济和社会机制，打造绿色低碳生态工厂。该公司设立污染物排放内部控制标准，确保总量持续降低。在生产过程中持续改造工艺技术，采用清洁生产工艺，有效降低废水废气排放，有效减少的废水废气排放量和浓度，合理配置资源，提高资源利用率。

续表

利益相关者管理	A单位 (国有银行)	B公司 (能源化工公司)	C公司 (水利水电建设公司)	D公司 (钢铁生产和销售公司)
	通过媒体、业绩发布会、投资者热线等渠道不断加强与投资者相关者的沟通和交流。该公司坚持客户至上、服务实体经济、发展绿色金融,持续为利益相关机构、国家、社会创造价值。服务数字化转型,服务老年客群金融服务,开拓社区服务金融,不断加大精准扶贫力度。	该公司致力于加强与监管机构、投资者、社区、客户等利益相关方的交流,通过座谈研讨会、投资者热线电话、问卷调查,投资者微信公众号等渠道进行反馈。该公司注重提升产品与服务质量、尊重员工人权,给予员工平等就业机会,关注职业健康安全,为社会创造就业机会,助力扶贫。	该公司始终重视安全生产工作,通过一系列强有力的安全管理举措,强化安全责任体系建设。该公司坚持以人为本,大力保障员工的各项权益,优化薪酬福利保障,激发人才活力。该公司多年助力脱贫攻坚,打造品牌公益。	该公司依法保护员工相关权益,实行就业同工同酬制度,建立健全基本员工保险体系,努力改善员工工作环境,热心帮扶困难员工。推行"0123"安全生产模式,以安全生产风险防全管理建设为主线,健全制度体系,做好重大安全风险管控。该公司以提高质量核心竞争力为核心,不断满足客户个性化需求,提高服务质量,扩大业务管理人员的审批额度权限,加强客户意见处理效率。

表 10.2 案例企业财务绩效

	2015 年			
	ROA(%)	ROE(%)	托宾 Q 值	主营收入（百元）
A 单位（国有银行）	1.41	20.13	0.08	589 638
B 公司（股份有限公司）	5.72	10.89	0.39	2 880 313
C 公司（建设股份有限公司）	2.94	5.06	0.15	144 839
D 公司（钢铁股份有限公司）	15.63	0.49	0.27	75 329
	2016 年			
	ROA(%)	ROE(%)	托宾 Q 值	主营收入（百元）
A 单位（国有银行）	1.36	17.57	0.09	658 893
B 公司（股份有限公司）	3.84	5.99	0.55	2 825 916
C 公司（建设股份有限公司）	3.08	5.16	0.29	167 094
D 公司（钢铁股份有限公司）	2.49	2.05	0.49	74 048
	2017 年			
	ROA(%)	ROE(%)	托宾 Q 值	主营收入（百元）
A 单位（国有银行）	1.26	15.06	0.08	697 648
B 公司（股份有限公司）	3.79	5.49	0.44	2 018 885
C 公司（建设股份有限公司）	2.98	4.39	0.29	210 923
D 公司（钢铁股份有限公司）	−3.78	−10.59	0.39	52 579

（公司）未来的发展趋势。本章将以主营业务收入、净资产收益率、资产收益率、托宾 Q 值这四个指标作为衡量财务绩效的指标，具体分析国有上市企业（公司）的市场竞争能力、经营状况、企业价值。本章将选取各国有上市企业（公司）三年的财务数据作为分析财务绩效的基础，为了提高数据准确性，年份的选取将会延后一年，以便更清楚地展示二者之间的关系。本章中选择主营业务收入来反映国有上市企业（公司）的市场竞争力，原因在于国有上市企业（公司）的市场占有份额难以获得数据，销售收入恰好在一定程度上

能够代替市场占有率。当前会计制度下,利润表中的科目主营业务收入可以有效代表销售收入。净资产收益率和资产收益率都反映国有上市企业(公司)的运营能力,但二者都存在一定的局限性,因此本章选取这两种指标实现互补,有关调研得到的资料如表 10.1、表 10.2 所示。

10.3.3　案例数据汇总分析及初步结论

本章对所研究的案例进行分析,参考 Creswell 等(2007)的研究主张,将国有上市企业(公司)的社会责任和财务绩效状况分为五个层级:低、中低、中、中高、高,并打分评判,如表 10.3 所示。针对结果进行分析,对比不同案例间的相似之处和不同之处,验证提出的理论内容,据此做出补充与修改,进一步提出研究的初始命题。

表 10.3　案例企业的对比研究与分析

评估构念		A 单位 (国有 银行)	B 公司 (能源化 工公司)	C 公司 (水利水电 建设公司)	D 公司 (钢铁生产和 销售公司)
企业 社会 责任	社会责任战略	高	高	中	低
	环境责任	高	高	中高	中高
	利益相关者管理	高	高	低	中
企业财务绩效		高	高	中	低

本章在案例研究理论预设中所提出的国有上市企业(公司)履行社会责任能够提升财务绩效在案例的分析归纳中得到了验证。据表 10.1、表 10.2和表 10.3 的总结显示,相比于其他三家,A 单位(国有银行)的社会责任管理水平较为成熟,整体管理体系较为创新和全面,因此,其财务绩效也优于其他案例公司。究其原因,本章认为 A 单位(国有银行)对社会责任的履行进行了详细的规划,并且规划结合了 A 单位(国有银行)的发展状况和业务特

点。对于社会责任战略的制定,与其发展战略保持一致的目标,力求建立协调、完善的社会责任管理体系,进一步提升了公司的竞争力和影响力。另外,A单位(国有银行)与利益相关者一直维持良好的关系,开辟多种沟通渠道、线上与线下沟通、实时与专项沟通等方式构建了全面的沟通机制。与此同时,公司对标国家发展需要,明确提出将服务国家区域协调发展作为公司的重点战略之一;多种激励方式相结合,提升员工积极性,关爱员工身心健康,推进员工人才培养,维护女员工合法权益等。公司还制定了中期绿色金融发展规划,打造多元化绿色金融服务体系,支持绿色经济。总之,公司全方位的社会责任管理体系得到了社会的广泛认可,为国有上市企业(公司)树立了良好形象,也积累了声誉,为国有上市企业(公司)长久发展奠定了基础。在此前提下,该银行的财务绩效表现良好,呈上升趋势,获得了较多的正面评价。

B公司(能源化工公司)的社会责任管理体系也相对较为完善,因此财务绩效也维持在稳定的水平,这也验证了理论预设的观点。相较之下,后两家案例企业(公司)的社会责任管理就不够完善。

C公司(水利水电建设公司)在利益相关者管理方面有所欠缺,主要是缺乏沟通机制,在责任战略和环境战略方面的表现也欠佳,三个方面的不足导致公司近几年的财务绩效水平处于波动中。由此看来,不完善的社会责任管理影响国有上市企业(公司)的声誉,对国有上市企业(公司)的财务绩效造成不良的影响。同样,D公司(钢铁生产和销售公司)也是由此方面的原因引起的财务绩效的下降。

归纳梳理案例中四家企业(公司)社会责任与财务绩效之间的关系,可以明显验证理论预设中的观点:国有上市企业(公司)社会责任与财务绩效之间正相关。具体来说,国有上市企业(公司)结合自身发展状况、业务特点制定社会责任战略,能够提高国有上市企业(公司)经营质量,加强市场竞争力;有利于与客户维持良好关系,并吸引优秀人才,获得良好的声誉;有利于减少经营风险,获得投资者青睐,引导媒体正面评价;有利于改善服务质量,加快技术创新,从而推动财务绩效的优化。

综上所述,本章得出初步结论:国有上市企业(公司)社会责任正向影响财务绩效。

11 政府审计介入对国有上市企业（公司）绩效影响的研究结论及启示

11.1 研究结论

当前，针对国有上市企业（公司）的深化改革，政府明确要求要提高改革的规范性，国有上市企业（公司）应当自觉遵守改革的要求，积极完善公司治理架构，为顺利推进改革打下良好的基础。本书的研究样本为沪深 A 股市场的国有上市企业（公司）在 2011—2016 年间的数据信息，也包括中国各地区的政府审计、地区腐败的统计数据。本章也对相关理论进行了梳理，在结合适用的审计理论基础上，进行实证研究，寻求政府审计、地区腐败、国有上市企业（公司）绩效之间的关系，最终得出以下结论：

第一，政府审计能够提高国有上市企业（公司）绩效。这种正面效应在中央企业（公司）中更为明显，对比之下，在地方国有企业（公司）中的效应表现略弱一些。作为国家治理的重要保障，政府审计发挥着极为关键的作用。首先，能够有效改善经营环境，为国有上市企业（公司）平稳运行提供良好的秩序，从而实现绩效；其次，对国有资产、国有资源在国有上市企业（公司）中的使用进行监督,既是捍卫国家利益,也从另一个层面上促进国有上市企业(公司)完善内部控制,减少经营管理的风险,从而提升绩效。

第二,地区腐败对国有上市企业(公司)绩效造成负面影响。地区腐败无形中增加了国有上市企业(公司)的代理成本,具体表现为通过提高国有上市企业(公司)的经营风险和财务风险而降低国有上市企业(公司)的绩效。另一方面,对国有上市企业(公司)而言,一些关键性资源由政府进行配置,国有上市企业(公司)为获取资源会付出一定的成本,而地区腐败会扭曲资源的分配,额外增加了国有上市企业(公司)的交易成本,降低了国有上市企业(公司)的经营绩效。

第三,政府审计能够防范地区腐败。政府审计具有法律效力,对地区腐败能够起到震慑和制约作用。近年来,随着媒体力量的兴起和介入,政府审计的效率大大提升,工作机制也越来越完善,地区腐败的治理效率明显提升。并且,政府审计大大改善了国有上市企业(公司)的外部市场环境,公共资源得到合理的配置,能够促进国有上市企业(公司)经营效率的提升,进而正面影响国有上市企业(公司)绩效。

11.2 政策建议

11.2.1 提高政府审计效能

现阶段国有上市企业(公司)的改革已进入关键时期,政府审计工作机制的完善程度直接决定着国有上市企业(公司)绩效的表现。合理的政府审计机制能够有效减轻地区腐败程度,甚至遏制腐败行为,从而营造良好的制度环境,促进国有上市企业(公司)绩效的提升。

因此,加大政府审计的投入,提高政府审计效能,加强腐败治理,有利于国有上市企业(公司)的发展。具体从三个方面入手:首先,优化政府审计部门的人事管理制度。既要对审计人员进行继续教育,定期进行培训,以提高审计的专业能力,也要合理安排薪资,提高对工作的积极性,提高审计工作的质量。其次,完善政府审计部门的财务支出体系。合理的财政预算安排,能够提高审计工作的效率。最后,扩大审计投入。政府审计投入与腐败治理的效果正相关,政府部门在开展工作时拥有充足的人员、时间、财力等审计资源,并对其进行合理有效地配置,有利于审计机关发现腐败,改善国有上市企业(公司)的治理,提高国有上市企业(公司)绩效的质量。

11.2.2　健全审计制度,严格审计监督

政府审计可以严格监督国有上市企业(公司)是否按要求使用资金进行经济活动,是否公允报告其经营情况,能够减少腐败行为,督促国有上市企业(公司)加强公司治理。因此,进一步健全完善审计制度,严格审计监督是政府相关机构的当务之急。

首先,必须强化外部经济环境的治理。既要推进审计制度的建设,也要提高审计工作的专业度和透明度,引入媒体社会公众的监督,推动审计工作的合规化、高效化。其次,加强与其他国家机构的协作。例如与法院、公安、检察院等部门协作,通过共享信息资源的方式提高审计的效率,协同治理有利于政府审计应对隐蔽复杂的腐败行为,提升政府审计工作的水平。最后,加强审计问责的力度,建立良好的问责机制。公开有效的政府审计能够防止腐败行为的滋生,在做好预防、治理的基础上,也要推进问责审计,整改结果要向社会公开,问责的力度越大,越有利于腐败治理。

11.2.3　深化审计反腐理念

政府审计在极大程度上遏制了地区腐败的程度,为国有上市企业(公司)的运行提供了良好的制度环境,最终反馈为国有上市企业(公司)经济效益的提高。因而,对于腐败行为的治理也在一定程度上提高了国有上市企业(公司)自身的经营治理效率。

首先,国有上市企业(公司)应当重点关注腐败问题。地区腐败给国有上市企业(公司)的经营环境造成不良影响,内部腐败损害内部控制,加大经营风险,因此,国有企业(公司)应当深刻认识到审计反腐的重要性,培植反腐理念。其次,将审计反腐的工作落到实处。继续完善审计法律体系和制度,进一步加大执法力度和惩治力度,对腐败行为形成压力,从根源上减少腐败行为。最后,避免政府官员滥用权力,妨碍资源合理配置。政府对市场的介入,会诱导寻租行为的产生,不仅扭曲资源的配置,也会自然产生腐败,因而,适当减少政府的干预,也能够阻止腐败的发生。

11.2.4　加强国有上市企业(公司)内部控制

一方面,政府审计可以监督国有上市企业(公司)对资金的使用是否合理有效,另一方面,政府审计可以评价国有上市企业(公司)经济活动的财政决算是否真实、公允,并对国有上市企业(公司)的经营管理提出改善建议,规范国有上市企业(公司)经营行为。

首先,强化员工内部控制责任意识。国有上市企业(公司)应定期安排内部控制理论的学习,倡导内部控制文化的建设,积极向员工传达内部控制的重要性与意义,形成强化责任意识的理念。其次,防范内部控制风险。国有上市企业(公司)合理配置资源的重要性不言而喻,资源的有效配置能够减少浪费,节约成本,避免经营管理的缺陷,提高国有上市企业(公司)运行的效益。合理设置组织机构,减少职能交叉重叠,创新管理模式,为国有上市企业(公司)的持续发展提供保障。最后,落实政府审计部门提出的改进措施。健全国有上市企业(公司)的内部控制,防范内部经营风险,促进国有上市企业(公司)的平稳运行,提高经营效率。

11.3　研究局限性及展望

第一,数据信息的准确性。本书运用的审计数据及地区腐败的相关数据信息均来自权威数据库、各地区检察院的报告及《中国审计年鉴》。由于涉的数据量较大,信息群较为分散,在搜集过程中可能存在遗漏和偏差,此外,数据还存在一定的时效性,也并未统一对变量的衡量,因此数据的准确性在未来还有待提高。

第二,衡量指标的主观性。本书选取的变量和针对变量进行的设计都存在一些不足。本书对政府审计采用四个维度就具有一定主观性,进一步对四个指标的计量也涉及主观的判断,因此审计效果的衡量会出现偏差。鉴于此,期望以后的研究能够针对此缺陷处提出改善建议或者出现新的度量方法。

第三,控制变量的选择。本书对于控制变量的选取主要是借鉴了其他研究文献,并对借鉴参考的内容进行了线性回归检验。但对于涉及国有上市企业(公司)绩效和地区腐败的关系的干扰因素很多,无法全部检验,因此结论可能存在不完善之处,未来的研究应多加考虑。

12 政府审计介入对国有上市企业(公司)社会责任信息披露质量影响的研究结论及启示

本书通过对政府审计、国有上市企业(公司)社会责任信息披露相关文献进行评述和对相关基础理论深入分析,提出了政府审计的介入能够显著提高国有上市企业(公司)社会责任信息披露质量,同时该影响具有滞后性;并且在市场化水平较高,经过高质量外部审计的条件下,政府审计对国有上市企业(公司)社会责任信息披露质量的作用更加显著。基于上述假设,本书进行研究设计和模型的构建并进行回归分析,在验证本书假设的同时,得出相关研究结论和政策建议。

12.1 研究结论

随着中国经济的快速发展,国有上市企业(公司)和社会中有关公众环保、维护消费者权益、生产安全等问题日益突出,给社会造成的影响也日益加重,为此,也相应出台了一系列法律法规推动国有上市企业(公司)对国有上市企业(公司)社会责任报告进行公告。虽然相关政策的实施也促使一些国有上市企业(公司)对社会责任进行披露,并且每年披露数量也呈上升趋势,但是仍有大多数国有上市企业(公司)未能披露。并且由于社会责任信息属于重要的非财务性质的信息,社会责任信息表述较为困难,因此社会责任披露质量千差万别。如何提高国有上市企业(公司)社会责任信息披露质量,成为一个迫切且棘手的问题,需要相关学者的密切关注。

通常政府审计部门的工作对象仅有行政机关,本书以中国社会主义市场经济条件下特有的审计署中央企业(公司)财务收支审计工作为事件切入口,以 2010—2018 年国有 A 股上市企业(公司)作为样本,基于公共受托经济责任理论、政府审计免疫系统论和信号传递理论,通过实证分析政府审计介入对国有上市企业(公司)社会责任信息披露质量的作用,随后分别将样本分为市场化水平高和市场化水平低两组。研究结果表明:

(1) 政府审计介入能显著提高国有 A 股上市企业(公司)的社会责任信息披露质量,并且该影响具有滞后性。

(2) 在其他相关条件一定时,相对于市场化水平较低地区,政府审计在市场化水平较高地区对国有上市企业(公司)社会责任信息披露质量的正向作用更明显。

(3) 在其他相关条件一定时,相对于非国际"四大"会计师事务所组,政府审计对国有 A 股上市企业(公司)社会责任信息披露质量的正向作用在国际"四大"会计师事务所组中更明显。

(4) 通过更换社会责任信息披露质量衡量指标、倾向得分匹配等方法进行稳健性检验,更加充分证实了政府审计介入对国有 A 股上市企业(公司)社会责任信息披露质量的正向影响。

12.2 政策建议

12.2.1 建立持续政府审计制度

本书研究发现政府审计对国有上市企业(公司)社会责任信息披露质量的提升作用只在审计介入的第二年度比较明显,因此持续审计机制至关重要,必要时可以采用周期性、轮流的审计监督程度对国有上市企业(公司)进行持续性的监督,确保政府审计对社会责任信息披露质量的持续正向影响,真正促使国家审计跳出"屡审屡犯"的不利局面,巩固审计机关在国家审计工作中的主导地位。

12.2.2 加大审计监督力度和范围

政府审计是保护国有资产安全的坚实后盾,审计署应加强政府审计监督力度,逐步扩大审计覆盖范围,积极推进审计全覆盖,使财务收支审计工作处于常态化的状态,以实现政府审计能够高效率提升国有上市企业(公司)社会责任信息披露质量的目标。

此外,由于政府审计具有审计工作持续周期长、审计工作内容复杂、审计范围有限等特点,可能会导致政府审计不能充分发挥对国有上市企业(公司)的治理效果。因此国家审计机构可以借助当前云计算、大数据等信息技术,对审计工作和流程进行改革和创新,对国有上市企业(公司)相关财务和非财务信息进行智能分类和监控,同时建立中央企业、国资委和国家审计机关之间的数据共享,当发现异常行为或异常操作时,多方部门能够及时发现问题,并通过集体智慧对相关问题进行针对性处理和解决,确保政府审计的高效率进行。并形成强有力的影响力,通过"无形的手",保持政府审计持续监督的状态,促使被审计的国有企业乃至未被审计的国有上市企业(公司)能够自觉履行社会责任,及时披露高质量社会责任信息。

12.2.3　完善社会责任信息披露制度

从已有的社会责任信息披露制度来看,其制度内容不够规范,对社会责任信息表述不够清晰、完备,相关内要求难以落地。

因此相关法律法规应针对不同市场化进程的地区或者不同行业,实现披露内容和披露要求的差异化,例如,医药、食品、重工业以及对生态环境污染较为严重的行业提出更高要求的社会责任信息披露制度。

12.3　研究不足与展望

(1) 目前对国有上市企业(公司)社会责任信息披露质量的衡量没有较为权威的标准,目前主要的评分机构有:润玲环球公司、和讯信息技术公司以及中国社科院经济学部。

本书选择和讯信息技术公司旗下的和讯网对社会责任信息披露质量的数据库,因为该数据量较为丰富。并且,本书研究采用了和讯网对其 A、B、C、D、E 五个等级的评分进行稳健性检验。但是这些机构对国有上市企业(公司)社会责任信息披露质量的评分标准存在差异,仍存在一定的主观因素。

(2) 实证研究的样本量较小,由于政府审计时间较短,本书仅用了

2010—2018年的数据,对实证分析具有一定的局限性。

(3) 国有上市企业(公司)社会责任信息披露质量的影响因素较多,本书无法将每个影响因素都考虑进去。

虽然本书的研究由于数据衡量标准以及数据获取方面存在着某些不足。但仍旧对于未来研究政府审计和国有上市企业(公司)社会责任信息披露方面提供一定的参考作用和意义。有关研究在未来可以从以下几个方面着手:

(1) 积极考虑社会责任信息披露质量的其他衡量方式,更加全面的研究政府审计对国有上市企业(公司)社会责任信息披露质量的影响机理。

(2) 拓展影响国有上市企业(公司)社会责任信息披露质量的其他外部因素,通过尝试构建模型和关键性指标,更加全面挖掘影响国有上市企业(公司)社会责任信息披露质量的更多因素,这些重要内容将在后续进行研究。

13 国有上市企业(公司)社会责任对财务绩效影响结果的总结与讨论

13.1 研究结果总结

前文进行了相关理论的分析,在此基础上我们建立理论模型,并补充相应的假设条件。实证检验的方法主要分为两种:多元回归分析法和层级回归分析法。大致来看,所提出的假设已得到基本支持,结果的验证如表 13.1。

表 13.1 假设验证情况汇总表

	假 设 内 容	验证结果
	国有上市企业(公司)社会责任与财务绩效的关系	
H1	国有上市企业(公司)的社会责任与基于会计指标的财务绩效(ROE)正相关	成立
H2	国有上市企业(公司)的社会责任与基于市场指标的财务绩效(托宾 Q 值)正相关	成立
	高管持股比例对国有上市企业(公司)社会责任与财务绩效关系的调节作用	
H3	高管持股比例对国有上市企业(公司)社会责任与 ROE 的关系具有正调节作用	成立
H4	高管持股比例对国有上市企业(公司)社会责任与托宾 Q 值的关系具有正调节作用	不成立

资料来源:作者自行整理。

　　本书基于对所提出假设的验证,得出了实证结果:国有上市企业(公司)社会责任对财务绩效有正向影响,也在此基础上对高管持股比例是否能否调节二者关系进行验证。研究结果显示,净资产收益率和托宾 Q 值都会受国有上市企业(公司)社会责任的影响,并且此种影响是滞后的。基于利益相关者理论的视角,国有上市企业(公司)需要主动披露财务报告以及社会责任报告,利益相关者们可以及时了解国有上市企业(公司)经营的信息,加深与国有上市企业(公司)之间的信任关系。因此,对利益相关者的管理在一定程度决定了国有上市企业(公司)未来的发展。国有上市企业(公司)在积极履行社会责任的同时,提高利益相关者的管理水平,政府也会因此加大对国有上市企业(公司)的支持,并且有利于国有上市企业(公司)获得投资者的信任、客户的满意度和员工的忠诚度,从而降低相关的成本。在此过程中,协调国有上市企业(公司)自身的社会责任战略和国有上市企业(公司)的发展战略,也能够从中发掘国有上市企业(公司)的发展机遇。国有上市企业(公司)向外界披露的信息真实可靠,国有上市企业(公司)营造具有责任感和价值的品牌形象,无形中能减少国有上市企业(公司)存在的经营风险,优化国有上市企业(公司)财务绩效。

　　另外,验证的结果表明,高管持股比例会进一步促进国有上市企业(公司)实施社会责任对净资产收益率,但对托宾 Q 值却没有改善的作用。在新旧动能交替及国有上市企业(公司)改革推进的大环境下,高管在战略决策中的重要性不言而喻,因此企业(公司)治理的不完善成为国有上市企业(公司)亟需解决的关键问题,而持股是对高管最为有效的激励方式。基于高阶理论的视角,国有上市企业(公司)社会责任战略的制定受高管对社会责任认知的影响,这种影响可能来自高管个人的偏好、价值观等层面,最终会对国有上市企业(公司)的财务绩效带来影响。所以,应以高比例持股的方式激励高管,促使他们尽力将国有上市企业(公司)资源合理配置到社会责任的规划中,从战略角度思考如何实现国有上市企业(公司)的社会责任,以达到协调国有上市企业(公司)在经济目标和社会责任目标的目的,为国有上市企业(公司)的良好运行提供保障。

13.2 国有上市企业(公司)社会责任和财务绩效关系分析

本书的研究是关于改革的关键节点的,基于此探索国有上市企业(公司)社会责任对财务绩效的作用具有一定的现实意义。据回归结果显示,国有上市企业(公司)的社会责任会有延迟效应,对后一年的净资产收益率产生显著影响。具体表现为,国有上市企业(公司)的社会责任管理水平越高,净资产收益率的值也会越高。这进一步反映了国有上市企业(公司)对社会责任的重视程度,将社会责任嵌入国有上市企业(公司)经营管理的方方面面,减少了交易和外部成本,提高了营运的效率,由此引起的正面效应最终反馈在财务绩效中。

国内外学者的研究也都验证了这一结果,并且主张国有上市企业(公司)履行社会责任是一种双赢机制。所以,国有上市企业(公司)在社会责任管理中注重与利益相关者的沟通与互动,披露国有上市企业(公司)经营的真实情况,加强彼此间的信任,从另一个角度扩大竞争优势,间接促进了财务绩效的提升。本书的研究结论肯定了国有上市企业(公司)在履行社会责任的领袖作用,同时促使各国有上市企业(公司)继续强化社会责任管理水平,将社会责任贯穿国有上市企业(公司)的战略规划和日常经营中。并且,本书也证明了国有上市企业(公司)履行社会责任不仅仅是政治任务,而是有效实现自身长足发展的内在要求,不会对企业资源造成浪费和无意义的消耗。

总之,本书为国有上市企业(公司)改革环境下国有上市企业社会责任和财务绩效呈正相关的验证提供了强有力的证据,为今后进一步探究不同制度下的二者关系提供了参考依据。

另外,本书证明了多元回归分析的结果显示国有上市企业(公司)承担社会责任对于托宾 Q 值也会产生正面影响。

本书基于 2010—2018 年的数据进行研究,结果显示社会责任对于国有上市企业(公司)滞后 1 期托宾 Q 值的效应是显著的,这表明国有上市企业(公司)对社会责任的认知发生了变化,这不再是一种被动行为,而逐渐转变为一种自发性的举措。

但是,这并不意味着国有上市企业(公司)对社会责任的理解已经到位,实际上国有上市企业(公司)拥有的资源还未完全利用到对社会责任的管理中,无论是对社会责任的理解还是管理水平都有很大的提升空间。国有上市企业(公司)应当协调好国有上市企业(公司)与社会的关系,在制定战略的过程中寻求责任与效益的平衡,统筹安排社会责任工作,将实现经济利润与履行社会责任相结合,以创造长远的价值。具体表现为国有上市企业(公司)在日常经营中要注重持续盈利能力的提升,注重产品的质量,提高服务水平和技能,推进技术的创新,落实生产安全的保障,关心员工合法权益,节约资源、保护环境和参与社会的公益事业等。

13.3 高管持股比例作用分析

国内外研究的焦点往往都在企业性质、社会责任、财务绩效三者之间的关系,只把国有上市企业(公司)性质作为控制变量,然后再研究社会责任和财务绩效之间的关系,而针对国有上市企业(公司)这个主题,却缺少探究和分析。就高管持股比例对二者关系作用的研究少之又少,国内并未形成成熟的理论。

本书已经表明国有上市企业(公司)社会责任会对滞后 1 年的财务绩效(主要是净资产收益率)产生正面效应,高管持股的调节作用也得到了验证,并且也符合国外相关学者的主张。经济激励对高管的激励作用十分显著,持股比例高,高管们就会越关注国有上市企业(公司)社会责任的实施,在制定具体的实施战略时投入更多的精力,将国有上市企业(公司)经营发展战略与社会责任战略相结合,合理布局资源的投入,使之在塑造国有上市企业(公司)形象、赢得市场、提升发展质量、汇聚人心、创新发展理念等方面发挥更大的作用。此外,可以从密切与利益相关者的联系,获得利益相关者的支持和理解,有助于财务绩效的提升。

高管高份额持股比例促使高层管理者对国有上市企业(公司)外界环境的变化更为敏感,能够预先发现国有上市企业(公司)存在的危机或可能面临的发展机遇,从而合理配置国有上市企业(公司)资源,增强国有上市企业(公司)的应变能力,进而增强国有上市企业(公司)的竞争力,这对处于改革背景下的国有上市企业(公司)非常重要。

基于此,本书的研究十分具有现实意义,通过研究高管持股比例对国有上市企业(公司)社会责任与财务绩效关系的作用,一方面,突出了高层管理者在企业制定社会责任战略发挥的重大作用,另一方面,为其他企业改革提供借鉴经验。

本书实证研究结果也表明高管持有的股份比例对国有上市企业(公司)社会责任和滞后 1 期的托宾 Q 值关系没有得到验证。学者们经常使用托宾 Q 值作为衡量国有上市企业(公司)财务绩效的指标,该指标融合了金融市场的数据和国有上市企业(公司)的财务数据,并考虑了风险因素的影响,减小了误差,提高了信息的准确性。本书中的假设未得到验证可能存在多种原因,首先,外部来看,当前中国市场机制仍处在一个不断建设和完善的阶段,从内部角度看,国有上市企业(公司)本身的治理机制也并不健全。国有上市企业(公司)由于其独特性质,本就存在一定的结构复杂性,而且现代企业普遍存在的代理问题在国有上市企业(公司)中因为可能存在的多层级委托链而变得更为严重,导致公司治理中存在更多的缺陷,常见的有内部任控制问题、产权不清和所有者缺位。其次,国有上市企业(公司)并不能有效预估未来的绩效,高层管理者即使对国有上市企业(公司)的实际情况了如指掌,在进行在规划制定甚至实施战略时也有可能面临来自行政的阻力,在这种情况下很容易引起利益的冲突,进而影响到财务绩效。此外,股权是否全部流通也会干扰托宾 Q 值市场评估的精确度,国有上市企业(公司)恰恰未能做到这一点。

13.4 结论与展望

13.4.1 主要研究结论

国有上市企业(公司)改革的步伐已逐渐加快,如何面对改革的新要求和迅速掌握国际新规则成了国有上市企业(公司)亟待解决的问题。国有上市企业(公司)的长远发展既要完善国有上市企业(公司)治理,又要实施好社会责任,如何做好两者的平衡工作一直是国有上市企业(公司)探索的问题。正是这些探索的过程为本书的研究提供了丰富的研究数据,为我们明晰国有上市企业(公司)责任和财务绩效的关系提供了着力点。

基于此,本书研究国有上市企业(公司)社会责任与财务绩效的关系,旨在为处在变革中的国有上市企业(公司)提供一些具有参考价值的建议。本书研究命题是在分析了四家代表性的国有上市企业(公司)后提出的,进而利用数理统计分析工具,处理所选取的样本,对研究假设进行检验。在研究过程中,本书也对最主要的两个研究问题进行了回答,其一,国有上市企业(公司)实施社会责任是一种损害国有上市企业(公司)经济利益的政治任务需要,还是国有上市企业(公司)出于竞争目的自发性行为;其二,从公司治理的视角来看,引入社会责任,高管的持股比例是否对国有上市企业(公司)的绩效产生了正面的效应。

本书通过研究分析,清楚认识了国有上市企业(公司)社会责任、财务绩效、高管持股比例三者之间的关系。通过多元回归分析,得出国有上市企业(公司)社会责任对净资产收益率和托宾 Q 值存在显著正面效应,且该种效应具有时滞性。在引入调节变量高管的持股比例后,也验证了假设,高管所持股份的比例越高,二者的正相关效应就越明显。

13.4.2　研究的理论贡献

第一,研究基于本国国情与政府政策开展。中国不论是政治制度还是经济文化都与英美等西方国家存在差异。本书基于中国的社会情境,结合国有上市企业(公司)的发展态势,分析其社会责任与财务绩效的关系。研究既进行了理论的探讨,也包含实证检验,为以后其他学者进行更深入的研究提供参考,也为其他角度的研究例如文化、地域等奠定比较的基础。

第二,研究样本为国有上市企业(公司)。本书对国内外的研究文献进行了梳理,对比不同学者对国有上市企业(公司)与财务绩效关系的看法。相比于国外的研究,中国的研究起步晚,正处在发展的阶段,且绝大部分研究的主题较为宽泛,集中于某个行业或某个性质国有上市企业(公司)的研究寥寥无几。

目前,对国有上市企业(公司)这一主体的有关社会责任和财务绩效的高水平研究也十分缺乏,也缺乏收集数据进行实证分析的研究。本书的研究不仅运用了实证分析,也针对国有上市企业(公司)这一性质的国有上市企业(公司)进行具体的讨论,丰富了国有上市企业(公司)社会责任与财务绩效关系的实证证据,为国有上市企业(公司)继续深化改革提供了一定的思路。

第三,本书引入了调节变量:高管持股比例。作者在对以前的研究文献的梳理中发现,学者已经对于董事会构成、股权集中度等公司治理方面的因素对国有上市企业(公司)和财务绩效关系的影响进行了研究,但就高管持股比例所带来的影响的研究较为缺乏。作者在结合了社会责任理论和高阶理论的观点后,研究得出了高管持股比例的正面效应,补充了新的研究视角。

13.5　研究的管理启示

本书的研究对国有上市企业(公司)如何做好社会责任战略制定以及如何具体实施具有一定的指导意义。

首先,主管部门要明确国有上市企业(公司)的社会责任范围。结合国有上市企业(公司)和社会的实际情况制定细化的政策法规,为国有上市企业(公司)建立社会责任绩效评价体系提供行动指南,适当对国有上市企业(公司)进行指导,避免过度干预。

其次,应赋予社会第三部门,即非盈利组织部分监督、管理职能。例如工会、行业协会、环保类权益组织等,通过这些社会团体的力量来敦促国有上市企业(公司)严格履行其社会责任。例如,行业协会作为行业内的自建组织,对行业与企业了解比较深入,可在政府指导下制定有关的行业政策,规范国有上市企业(公司)的责任行为。同时,响应政府的号召,在行业内宣传实施社会责任的必要性,深化企业对国有上市企业(公司)社会责任内涵的理解。政府同样需要理清政府、社会、国有上市企业(公司)这三者之间的关系,以确保国有上市企业(公司)的社会责任战略与国家发展的整体战略、国有上市企业(公司)的战略保持一致,实现协调发展。

再次,对国有上市企业(公司)而言,要实现社会责任与财务绩效的和谐统一。要做到以下四点。(1)完善国有上市企业(公司)治理机制。国有上市企业(公司)需要建立健全国有上市企业(公司)治理机制,建立规范有效的董事会制度,完善股东授权制度,聘用专业职业经理人,给予高管适当比例的股权,使得国有上市企业(公司)在社会责任战略的制定上投入更多的精力。完善的国有上市企业(公司)制度和有效的激励措施能够使高层管理者从战略性的角度规划国有上市企业(公司)的社会责任战略,与国有上市企业(公司)的经营业务更贴合,减少了实施的阻力和风险。

(2) 提升品牌形象和塑造品牌价值。国有上市企业(公司)的市场已不仅仅局限在国内,在海外也拥有广阔的发展空间。国有上市企业(公司)应当积极响应国家对外经济合作发展战略,利用这一发展机遇,在与国内利益相关者密切联系的同时,加强与海外利益相关者的交流与沟通,自觉承担社会责任,发挥好"领头羊"的作用,为国有上市企业(公司)积累声誉,提升品牌形象,为国有上市企业(公司)价值的提升创造更大的空间。

(3) 健全国有上市企业(公司)社会责任管理体系。国有上市企业(公司)应当结合国有上市企业(公司)所处的宏观、微观环境,掌握的资源及经营业务特点,做好责任战略的制定。应将社会责任融入国有上市企业(公司)的运营,例如重大战略决策、日常经营、供应链流程等,并参照国外成熟案例,结合行业特征和国有上市企业(公司)的实际情况,探索建立社会责任的指标体系。

(4) 加强利益相关者的管理。国有上市企业(公司)应当继续健全社会责任报告发布制度,定期主动发布报告,要保证报告的内容和质量,关注社会热点问题,及时与利益相关者沟通。应强化对于日常社会责任信息披露,将传统媒体手段和新兴媒体手段相结合,争取利益相关方的理解和支持。另外,建立利益相关方的参与机制,例如研讨会、代表会、听证会等形式,推动利益相关者参与到国有上市企业(公司)的重大决策中来。这些措施是为了使国有上市企业(公司)能够尽快了解利益相关者们的疑问、诉求,以便做出及时的回应,减少不必要的外部成本,也是为了维护国有上市企业(公司)的形象,避免国有上市企业(公司)声誉受损。总之,国有上市企业(公司)需要加强对利益相关者的管理,提高社会认可度,以实现国有上市企业(公司)的可持续发展。

13.6　研究的局限性及展望

近年来国有上市企业(公司)社会责任和财务绩效的关系是研究的热点,引发了诸多讨论。本书整理相关文献观点,提出假设,再进行案例和实证两方面的研究,从而得出国有上市企业(公司)社会责任与财务绩效的关系正相关,同时也验证了高管的持股比例对二者关系的调节作用,本书丰富了理论的研究,也对实际案例提供了相应的借鉴。然而,本书也存在一些不足之处,具体阐述如下。

第一,研究数据来源及选取的样本存在不足。本书的数据来源于某知名媒体针对国有上市企业(公司)所作的社会责任排行,数据来源单一,可能存在一定的主观性和偏差。

第二,本书认为高管的持股比例会影响国有上市企业(公司)社会责任和财务绩效的关系,并具有一定的调节作用,对于此种假设也进行相应的实证研究,并且得到了验证。但是,二者之间的关系并不仅仅只有高管持股比例这一个调节变量,也可能存在其他潜在变量,研究假设仍需完善。

本书除了上述不足和局限性以外,还对未来的研究探讨提出以下展望:

国有上市企业(公司)与利益相关者的关系并不处于静止的状态中,而会随企业的发展、资源利益的分配发生变化。因此,如何平衡与利益相关者的关系,保持良好的互动与沟通,还需要更深层次的讨论与挖掘。

其次,国有上市企业(公司)改革的推进建立在对企业的进一步细分上,应当依据国有上市企业(公司)的不同业务和目标去制定适合国有上市企业(公司)自身的改革方式。在此过程中,可能会发现社会责任研究的其他角度,得出更为全面的研究结果。

参考文献

[1] 安成洁:《政府审计、内部控制质量与会计信息质量》,江西财经大学,2020 年。

[2] 白智奇、陈艳、王晰、于洪鉴:《国有上市公司业绩与高管隐性腐败研究——基于行为经济学视角》,《科研管理》2018 年第 2 期。

[3] 蔡春、蔡利、陈幸:《内部审计质量与盈余管理——来自中国 A 股制造业上市公司的经验证据》,《上海立信会计学院学报》2009 年第 6 期。

[4] 蔡利、马可哪呐:《政府审计与国企治理效率——基于央企控股上市公司的经验证据》,《审计研究》2014 年第 6 期。

[5] 常艳蕊:《京津冀环境规制对其上市公司环境信息披露的影响研究》,北京化工大学,2020 年。

[6] 陈德萍、陈永圣:《对我国创业板公司资本结构的实证研究》,《统计与决策》2010 年第 7 期。

[7] 陈宏辉:《企业成长过程中的社会责任认知与行动战略》,《商业经济与管理》2009 年第 1 期。

[8] 陈丽红、张龙平、朱海燕:《国家审计能发挥反腐败作用吗?》,《审计研究》2016 年第 3 期。

[9] 陈砺、黄晓玲:《国际化、地区腐败与企业绩效——基于制造业上市公司数据的实证分析》,《财会月刊》2018 年第 1 期。

[10] 陈砺:《"一带一路"倡议下中国对沿线国家投资特点及政策建议》,《对外经贸》2017 年第 10 期。

[11] 陈恋:《企业生命周期、社会责任信息披露质量与权益资本成本》,武汉大学,2017 年。

[12] 陈宋生、董旌瑞、潘爽:《审计监管抑制盈余管理了吗?》,《审计与经济研究》2013 年第 3 期。

[13] 陈洋:《混合所有制背景下股权结构调整对企业创新的影响研究》,《现代审计与会计》2020 年第 5 期。

[14] 陈玉清、马丽丽:《我国上市公司社会责任会计信息市场反应实证分析》,《会计研究》2005 年第 11 期。

[15] 崔秀梅:《企业的社会责任和会计责任:对接和耦合》,《财会月刊》2009 年第 3 期。

[16] 崔秀梅:《转型经济下的企业社会责任内容框架》,《科技管理研究》2009 年第 4 期。

[17] 崔昱晨、杨永淼:《政府审计对国企真实盈余管理行为影响研究》,《财会通讯》2018 年第 1 期。

[18] 崔昱晨:《政府审计、公司治理与国有企业价值关系研究》,山东农业大学,2018 年。

[19] 崔云、朱荣:《政府审计监督与腐败治理》,《财经科学》2015 年第 6 期。

[20] 邓雨欣:《环境规制、企业环保投入策略与股价崩盘风险的实证研究》,西南财经大学,2019 年。

[21] 杜颖洁、杜兴强:《审计质量、政治练习与企业社会责任——来自中国上市公司的经验证据》,《中大管理研究》2014 年第 6 期。

[22] 杜颖洁、杜兴强:《审计质量、政治联系与企业社会责任——来自中国上市公司的经验证据》,《中大管理研究》2014 年第 2 期。

[23] 樊纲:《如何使政府做正确的事和正确做事》,《经济研究参考》2006 年第 2 期。

[24] 范琦:《央企上市公司社会责任与财务绩效的相关性研究》,《财会月刊》2013 年第 6 期。

[25] 傅樵、高晓雅:《政府审计、媒体关注与腐败治理》,《财会月刊》2018 年第 14 期。

[26] 龚明晓、宋献中:《企业自愿披露社会报告的风险与成本》,《财会月刊》2006 年第 17 期。

[27] 郝素利、李梦琪:《国家审计监督抑制国企盈余管理行为的演化博弈分析》,《审计与经济研究》2019 年第 6 期。

[28] 何倩:《审计质量对社会责任信息披露质量影响的实证研究》,北京交通大学,2019 年。

[29] 何倩:《审计质量对社会责任信息披露质量影响的实证研究》,北京交通大学,2019 年。

［30］何贤杰、袁卫秋等：《企业社会责任信息披露与公司融资约束》，《财经研究》2012年第8期。

［31］何贤杰等：《券商背景独立董事与上市公司内幕交易》，《财经研究》2014年第8期。

［32］贺妮馨：《审企业社会责任、审计意见与融资约束》，重庆理工大学，2019年。

［33］胡李鹏、王小鲁、樊纲：《国分省企业经营环境指数2020年报告》，《金融评论》2020年第12期。

［34］胡晓清：《国家审计促进经济发展方式转变的路径与制度研究——基于免疫系统视角》，《财会通讯》2015年第13期。

［35］胡振兴：《上市公司高管腐败对经营业绩的危害及鉴证研究》，《财经理论与实践》2016年第4期。

［36］黄超：《试论公共安全管理学的逻辑链条》，广西警察学院学报，2017年。

［37］黄建元、靳月：《企业社会责任对权益资本成本的影响研究——基于企业社会责任报告与鉴证的视角》，《产业经济研究》2016年第2期。

［38］黄群慧：《携手共建社会责任生态圈》，《南方企业家》2017年第3期。

［39］霍华德.R.鲍恩：《商人的社会责任》，经济管理出版社2015年版。

［40］贾云洁：《政府决算草案审计研究》，中南财经政法大学，2018年。

［41］解云：《政府审计、地区腐败与公共支出效率》，中南财经政法大学，2017年。

［42］靳思昌：《国家审计治理"中介组织腐败"研究》，《会计之友》2019年第24期。

［43］靳思昌：《全流程国家审计腐败治理的机理与路径》，《财会月刊》2020年第24期。

［44］李春霞：《以绿色金融撬动绿色产业发展》，《经济日报》2014年第7期。

［45］李嘉明、杨流：《国家审计与国家监察服务腐败治理的路径探索——基于协同视角的思考》，《审计与经济研究》2018年第2期。

［46］李江涛、曾昌礼、徐慧：《国家审计与国有企业绩效——基于中国工业企业数据的经验证据》，《审计研究》2015年第4期。

［47］李江涛等：《政治关联、制度环境与会计师事务所经营业绩》，《审计与经济研究》2015年第8期。

［48］李梦：《社会责任信息披露、金融发展对融资约束的影响机理研究》，天津财经大学，2020年。

［49］李三印、曹海敏：《企业社会责任信息披露对融资约束的影响研究——

兼论内部控制的协同效应》,《中国物价》2021 年第 2 期。

［50］李小利:《我国上市公司并购绩效的实证分析》,西南财经大学,
2012 年。

［51］李秀:《政府审计在维护国家经济安全中的职能定位与思考》,《审计研究》2014 年第 1 期。

［52］李延喜等:《外部治理环境、产权性质和上市公司投资效率》,《南开管理评论》2015 年第 2 期。

［53］李远慧、张洁:《社会责任报告信息披露市场反应研究——来自沪深两市强制披露的证据》,《会计之友》2012 年第 12 期。

［54］李正:《有限责任公司股权转让制度分析——论〈公司法〉第 72 条》,上海大学,2013 年。

［55］李志刚:《关于金融服务制造业高质量发展的思考》,《现代金融导刊》2022 年第 9 期。

［56］刘春云、黄超:《科研事业单位全面预算管理体系建设研究》,《财经界》2017 年第 7 期。

［57］刘家义:《以党的十八大精神指导审计工作　推动完善国家治理和促进小康社会建设》,《行政管理改革》2012 年第 12 期。

［58］刘建秋,盛梦雅:《战略性社会责任、关系资源与企业竞争优势》,《财会月刊》2019 年第 4 期。

［59］刘雷:《全国政府性债务审计结果公告分析及建议》,《财会月刊》2014 年第 10 期。

［60］刘利:《价值观的有效载体和生动体现》,《光明日报》2014 年第 8 期。

［61］刘泽照、梁斌:《政府审计可以抑制腐败吗?——基于 1999—2012 年中国省级面板数据的检验》,《上海财经大学学报》2015 年第 1 期。

［62］卢馨、丁艳平、汪柳希:《经理人市场化能抑制国企高管腐败吗? ——经理人市场竞争对公司高管权力和行为约束效应分析》,《商业研究》2017 年第 1 期。

［63］罗云:《政府审计对国企内部控制及其绩效的影响》,广东财经大学,2016 年。

［64］骆嘉琪、匡海波、沈思祎:《企业社会责任对财务绩效的影响研究——以交通运输行业为例》,《科研管理》2019 年第 2 期。

［65］骆嘉琪、匡海波等:《企业社会责任堆财务绩效的影响研究——以交通运输行业为例》,《科研管理》2019 年第 2 期。

［66］倪恒旺、李常青等:《媒体关注、企业自愿性社会责任信息披露与融资约束》,《山西财经大学学报》2015 年第 10 期。

［67］彭华彰、刘晓靖、黄波：《国家审计推进腐败治理的路径研究》，《审计研究》2013 年第 4 期。

［68］彭雯、张立民：《第三方鉴证在债务契约中的信息含量研究——基于企业社会责任评分与审计意见的经验证据》，《求索》2016 年第 8 期。

［69］蒲丹琳、王善平：《官员晋升激励、经济责任审计与地方政府投融资平台债务》，《会计研究》2014 年第 5 期。

［70］漆江娜、陈慧霖、张阳：《事务所规模・品牌・价格与审计质量——国际"四大"中国审计市场收费与质量研究》，《审计研究》2004 年第 3 期。

［71］钱明、徐光华、沈弋、窦笑晨：《民营企业自愿性社会责任信息披露与融资约束之动态关系研究》，《管理评论》2017 年第 12 期。

［72］钱明：《社交网络与企业社会责任——基于自媒体时代的经验证据》，《商业会计》2017 年第 12 期。

［73］任佳：《公共压力对上市公司环境信息披露质量的影响机制研究》，陕西科技大学，2020；

［74］阮滢、赵旭：《经济责任审计在腐败治理中的角色定位及功能实现——基于国家治理框架》，《财会通讯》2016 年第 22 期。

［75］沈洪涛、王立彦、万拓：《社会责任报告及鉴证能否传递有效信号？——基于企业声誉理论的分析》，《审计研究》2011 年第 4 期。

［76］沈雅静：《企业社会责任对财务绩效的影响研究——以新闻出版行业经验数据为基准》，《商讯》2020 年第 33 期。

［77］宋夏云、马逸流：《国家审计在地方政府性债务风险管理中的功能认知分析》，《审计研究》2016 年第 1 期。

［78］宋夏云、马逸流、沈振宇：《国家审计在地方政府性债务风险管理中的功能认知分析》，《审计研究》2016 年第 1 期。

［79］苏卫东、陈超：《上市公司股权结构与经营者腐败》，《南方金融》2005 年第 3 期。

［80］苏银春：《企业价值与环境信息披露相关性研究》，成都大学，2019 年。

［81］孙明艳：《企业社会责任、企业文化与财务绩效》，长春理工大学，2020 年。

［82］孙伟、周瑶：《企业社会责任信息披露与资本市场信息不对称关系的实证研究》，《中国管理科学》2012 年第 20 期。

［83］谭瑾、徐细雄、徐光伟：《地区腐败与企业运营效率——基于交易成本视角的实证检验》，《现代财经（天津财经大学学报）》2018 年第 9 期。

［84］谭峻、李延喜、姜婧、张启銮：《中国外部治理环境与上市公司现金股利政策间关系的实证研究》，《技术经济》2015 年第 8 期。

[85] 汤晓建:《内部控制、制度环境与企业社会责任信息披露质量》,《会计与经济研究》2016 年第 2 期。

[86] 唐松、孙铮:《政治关联、高管薪酬与企业未来经营绩效》,《管理世界》2014 年第 5 期。

[87] 万良勇、陈馥爽、饶静:《地区腐败与企业投资效率——基于中国上市公司的实证研究》,《财政研究》2015 年第 5 期。

[88] 万良勇、梁婵娟、饶静:《上市公司并购决策的行业同群效应研究》,《南开管理评论》2016 年第 3 期。

[89] 万炜:《旭辉控股集团:单月销售和拿地均有所放缓》,《股市动态分析》2019 年第 37 期。

[90] 王兵、王璐:《大数据是商业银行发展的重要引擎》,《金融时报》2014 年第 6 期。

[91] 王昌锐、邹昕钰:《社会责任信息披露与机构投资者决策相关性研究》,《统计与决策》2016 年第 22 期。

[92] 王海林、张丁:《国家审计对企业真实盈余管理的治理效应——基于审计公告语调的分析》,《审计研究》2019 年第 5 期。

[93] 王会金、马修林:《政府审计与腐败治理——基于协同视角的理论分析与经验数据》,《审计与经济研究》2017 年第 6 期。

[94] 王会金:《国外政府绩效审计评析与我国绩效审计战略》,《会计研究》2010 年第 5 期。

[95] 王建玲:《创建以"诚信"为核心的企业文化》,《现代妇女(下旬)》2013 年第 11 期。

[96] 王领、隋欣怡:《企业社会责任堆出口绩效的影响的实证研究——基于有调节中介效应与异质性分析》,《山东财经大学学报》2022 年第 10 期。

[97] 王如燕、宫晓霞:《媒体关注度、政府审计和国企投资效率》,《国际商务财会》2021 年第 7 期。

[98] 王如燕、王勇、易阳:《政府审计介入与国企经营表现关联度研究》,《财会通讯》2019 年第 8 期。

[99] 王如燕、王勇、易阳:《政府审计介入与国企经营表现关联度研究》,《人大复印资料〈审计文摘〉》2019 年第 11 期。

[100] 王如燕、许嘉志:《论政府审计、内部控制和国企投资效率》,《国际商务财会》2021 年第 8 期。

[101] 王如燕:《保障性安居工程追踪问效审计方法创新、信息化建设及反腐败问题研究》,上海交通大学出版社 2018 年版。

[102] 王如燕:《大数据时代下注册会计师审计面临的新挑战》,《国际商务

财会》2018 年第 10 期。

[103] 王如燕:《政府审计全覆盖与财政专项资金审计问题研究》,格致出版社 2020 年版。

[104] 王天慧、王佳恒:《新常态下政府审计在生态建设中的重要性》,《现代营销(下旬刊)》2019 年第 5 期。

[105] 韦德洪等:《政府审计效能与财政资金运行安全性关系研究——基于审计年鉴数据的统计和实证研究》,《审计研究》2010 年第 5 期。

[106] 卫秋,王海姣:《货币政策,社会责任信息披露质量与商业信用模式》,《会计与经济研究》2017 年第 1 期。

[107] 卫媛媛:《我国上市公司社会责任信息披露影响因素研究》,西安理工大学,2018 年。

[108] 吴玲:《中国企业利益相关者管理策略实证研究》,四川大学,2006 年。

[109] 吴斯晖:《利益相关者理论与企业伦理管理的新发展》,《新商务周刊》2018 年第 11 期。

[110] 伍健:《企业愿景在利益相关者管理中的作用:内涵、作用机制及有效性》,华中科技大学,2017 年。

[111] 肖红军、郑若娟、铉率:《企业社会责任信息披露的资本成本效应》,《经济与管理研究》2015 年第 3 期。

[112] 谢柳芳等:《政府审计功能、预算偏差与地方政府治理效率》,《审计研究》2019 年第 7 期。

[113] 熊婷、程博、王建玲:《非营利组织财务开发策略的博弈分析——与政府和营利组织合作视角》,《数学的实践与认识》2013 年第 21 期。

[114] 徐尚昆:《中国企业文化概念范畴的本土构建》,《管理评论》2012 年第 6 期。

[115] 徐细雄、郭仙芝:《地区官员腐败与企业代理成本——基于中国上市公司的实证研究》,《重庆大学学报(社会科学版)》2017 年第 5 期。

[116] 徐徐鑫、罗丹、梅怡灵、邓雨欣、胡明轩:《门槛管理到信用管理基于南京市浦口区的实证分析》,《产业科技创新》2019 年第 1 期。

[117] 杨华领、宋常:《国家审计与央企控股上市公司虚增收入》,《审计与经济研究》2019 年第 6 期。

[118] 杨萍:《事业单位资产管理现状以及政策》,《会计师》2019 年第 18 期。

[119] 杨哲:《企业社会责任信息披露与债务融资相关性的实证研究——基于企业成长性与产权性质视角》,《中国注册会计师》2020 年第 1 期。

[120] 殷红:《ESG 信息披露与信用风险评级——基于中国上市公司数据的实证分析》,《中国社会科学》2014 年第 12 期。

[121] 张蕙、许英杰、陈锋：《中央企业社会责任报告质量评价及影响因素研究》，《首都经济贸易大学学报》2014年第2期。

[122] 张俊民、张莉：《国家审计与国家治理模式的趋同性——基于审计内容角度的考察》，《审计与经济研究》2014年第8期。

[123] 张立敏：《我国政府审计对央企控股上市公司绩效影响的研究》，山东建筑大学，2017年。

[124] 张培：《政府审计对央企上市公司绩效的作用研究》，南京审计大学，2018年。

[125] 张琦：《腐败治理、资源配置与企业绩效——来自中国上市公司的经验证据》，《厦门大学》2020年第9期。

[126] 张蓉：《政府审计推进中央履行社会责任的路径探究》，《经济研究导刊》2022年第5期。

[127] 张文慧：《浅谈内部审计 注册会计师审计及政府审计的关系与协作》，《财会研究》2010年第21期。

[128] 张颖、仇晓雪：《企业社会责任对跨国并购绩效的影响——基于沪深A股上市企业的实证研究》，《资源与产业》2020年第6期。

[129] 张兆国、张弛：《企业环境管理体系认证有效吗》，《南开管理评论》2019年第8期。

[130] 张正勇、戴泽伟：《财务透明度、市场化进程与企业社会责任报告鉴证效应》，《管理科学》2017年第2期。

[131] 赵广礼：《基于反腐败的政府审计制度变迁及其优化研究》，《审计与经济研究》2018年第6期。

[132] 赵尉尉：《试论彼得·德鲁克的政府改革思想》，吉林大学，2017年。

[133] 赵秀云等：《客户关系性交易、权利配置与经理人薪酬契约》，《华东经济管理》2018年第2期。

[134] 郑冠群、徐妍：《中国证券市场平准基金的行为模式与市场效应》，《当代经济科学》2019年第2期。

[135] 郑若娟、胡璐：《我国社会责任投资策略与绩效分析》，《经济管理》2014年第5期。

[136] 郑石桥：《提出完善我国政府审计业务制度十个问题的思考》，《新疆财经》2017年第6期。

[137] 周黎安等：《政府规模、市场化与地区腐败问题研究》，《经济研究》2009年第1期。

[138] 周灵欣、郑石桥：《政府审计会影响财务审计重要性水平吗》，《财会通讯》2021年第14期。

［139］周瑞红、周婕:《上市公司会计信息披露质量影响因素研究——基于建筑企业的实证分析》,《财务与金融》2019 年第 4 期。

［140］周微、刘宝华、唐嘉尉:《非效率投资、政府审计与腐败曝光——基于央企控股上市公司的经验证据》,《审计研究》2017 第 5 期。

［141］周晓:《新时期内部审计创新之路:从数据审计到智能审计》,《中国审计》2019 年第 10 期。

［142］周中胜、何德旭、李正:《制度环境与企业社会责任履行:来自中国上市公司的经验证据》,《中国软科学》2012 年第 10 期。

［143］朱敏、刘拯、施先旺:《股权性质、企业社会责任与审计收费——基于中国上市公司的实证研究》,《江淮论坛》2015 年第 2 期。

［144］章亦洵:《审社会责任信息披露质量对公司绩效的影响》,暨南大学,2019 年。

［145］Ahmadi, K., H. Alipoor, S. Hejrat, S. Delfani, S. Mowlaie, 2017, "Relationship of Social Responsibility with Competitive Advantage in Sanandaj Governmental Banks", *Journal of Ecophysiology and Occupational Health*, 12.

［146］Amason, 2013, "Why won't Task Conflict Cooperate? Deciphering Stubborn Results", *International Journal of Conflict Management*, 14.

［147］Amjad, 2017, "Impact of Empowerment on Employee Turnover Intention: The Influence of Job Satisfaction", *Proceedings of 2nd International Conference on Education*, *Management Science*, 12.

［148］Anderson, R. D., J. L. Engledow, 1980, " Comparisons of Factor Structures in Separate Consumer Behavior Studies", *Journal of Business Research*, 12.

［149］Balte, N., R. M. Pavel, 2019, "Assessment of the Insolvency Risk in Companies Listed on the Bucharest Stock Exchange", *Studia Universitatis Vasile Goldis Arad-Economics Series*, 12.

［150］Barbetta, G. P., C., Paolo, C., Stefano. 2015, "The Impact of Energy Audits on Energy Efficiency Investment of Public Owners. Evidence from Italy", *Energy*. 93.

［151］Bracha, A., Burke, M. A., 2018, "Wage Inflation and Informal Work", *Economics Letters*, 12.

［152］Brown, R., 1968, "A History of Accounting and Accountants", *A History of Accounting & Accountants*.

［153］Carroll, 2016, "Variability in Orthopedic Surgeon Treatment Preferences for Nondisplaced Scaphoid Fractures: A Cross-Sectional Survey", *Journal of Orthopaedics*, 4.

[154] Clarke, 1999, "New Forms of Labour Contract and Labour Flexibility in Russia", *Economics of Transition*, 16.

[155] Cormier, 2001, "Reliability Concepts Applied to the Canadian Quality Management Program", *Journal of Aquatic Food Product Technology*, (08).

[156] Creswell, J. W., W. E. Hanson, V. L. Clark Plano, A. Morales, 2007 "Qualitative Research Designs: Selection and Implementation." *The Counseling Psychologist*, 2.

[157] Dhaliwal. 2011, "Web-Enabled Supply Chain Management: Key Antecedents and Performance Impacts", *International Journal of Information Management*, 7.

[158] Donald, et al.. 1993, "Top Executive Commitment to the Status Quo: Some Tests of Its Determinants", *Strategic Management Journal*, 7.

[159] Eisenbeiss, K. K., Otten, S. 2010, "When Do Employees Identify? An Analysis of Cross-Sectional and Longitudinal Predictors of Training Group and Organizational Identification", *Journal of Applied Social Psychology*, 11.

[160] Eisenhardt, K. M. 1989, "Building Theories from Case Study Research." *The Academy of Management Review*, 14.

[161] Elizabeth, M., 2004, "Pierce Assessing Data Quality with Control Matrices", *Communications of the ACM*, 47(2).

[162] Elliott, W. B., Songur, H., 2016, "The Role of Arbitrage Risk on the Elasticity of Demand: New Evidence from 100% Secondary Equity Offerings", *Finance Research Letters*, 8.

[163] Faridy, N., 2016, "They are a Tax Fearing People': Deterrent Effect—Penalties, Audit and Corruption in a Developing Country", *Curtin Law and Taxation Review*, 3.

[164] Ferraz, C., and F. Fina, 2011, "Electoral Accountability and Corruption: Evidence from the Audits of Local Governments." *American Economic Review*, 4.

[165] Freeman, R., 1977, "Job Satisfaction as An Economic Variable", *National Bureau of Economic Research*.

[166] Freeman, R., 1979, "New Estimates of Private Sector Unionism in the United States", *Industrial and Labor Relations Review*, 2.

[167] Friedman, 1986, "Functional Fixation and Interference Theory: A Theoretical and Empirical Investigation", *The Accounting Review*, (02).

［168］Hambrick, D. C., P. A. Mason, 1984 "Upper Echelons: The Organization as a Reflection of Its Top Managers." *Academy of Management Review*, 9.

［169］Hendi, P., I. D. Gunawan, 2016 "Corruption in Indonesia(Is It Right to Governance, Leadership and It to Be Caused?)." *Journal of Economics and Sustainable Development*, 11.

［170］Husted, 2010, "Governance Choice for Strategic Corporate Social Responsibility", *Business & Society*, 3.

［171］Husted, 2018, "Board Structure and Environmental, Social, and Governance Disclosure in Latin America", *Journal of Business Research*, 11.

［172］Husted, et al., 2016, "Near and Dear? The Role of Location in CSR Engagement", *Strategic Management Journal*, 10.

［173］IIA, 2008, "The Triple Bottom Line for 21st Century Business, The Earthscan Reader in Business and Sustainable Develement".

［174］Ionescu, L. 2014, "The Role of Government Auditing in Curbing Corruption", *Economics, Management, and Financial Markets*, 9.

［175］Jacques, J. A. 2009, "Pienaar Control Techniques for Complex Networks", *Journal of Applied Statistics*, 36(06).

［176］Kanter, 2014, "Presumption of Incompetence", *Research and Practice for Persons with Severe Disabilities*, 12.

［177］Kayrak, M., 2008, "Evolving Challenges for Supreme Audit Institutions in Struggling with Corruption", *Journal of Financial Crime*, 1:60—70.

［178］Kevin, C., 2011, "Agency Costs of Free Cash Flow and the Effect of Shareholder Rights on the Implied Cost of Equity Capital", *Journal of Financial and Quantitative Analysis*, 1.

［179］Kidanto, H., Wangwe, P., Kilewo, C. D., Nystrom, L., et al. 2012, "Improved quality of Management of Eclampsia Patients through Criteria Based Audit at Muhimbili National Hospital", *Dar es Salaam, Tanzania. Bridging the Quality Gap*, 1.

［180］Krueger. 1974, "The 1974 Report of the President's Council of Economic Advisers: International Issues", *The American Economic Review*, 4.

［181］Lindley, J. W. D., 1998, "Lindley: Issues in the Transition to Teams", *Journal of Business and Psychology*, 5.

［182］Margaret, A. R., 2019, "Critical Evaluation of Internal Control Environment Situation of Nigeria Public Audit", *Journal of Modern Accounting and*

Auditing，15(9).

［183］Markis，T.，J. A. Paravantis，2006，"Paravantis Energy Conservation in Small Enterprises"，*Energy & Buildings*，39(04).

［184］Markis，T.，J. A. Paravantis，2011，"Energy Conservation in Small-Enterprises"，*Energy & Buildings*，39(04).

［185］Matheron，E.，Q. Yang，V. Delpit-Baraut，et al.，2016，"Active Ocular Vergence Improves Postural Control in Elderly as Close Viewing Distance with or without a Single Cognitive Task"，*Neuroscience Letters*，610.

［186］Mc Williams，2017，"On the Edge: Ion Motion in the Sheath and Pre-Sheath When Multiple Species are Present"，*The 9th Asia-Pacific Conference on Plasma Science and Technology and 21st Sympos*，10.

［187］McGuire，M. J.，2015，"Business Survival Requires Sustainability"，*American Water Works Association*，6.

［188］Messenger，J.，K. L. Kalon，H.，Christopher，H. Young，et al.，2012，"The National Cardiovascular Data Registry(NCDR) Data Quality Brief"，*Journal of the American College of Cardiology*，60(16).

［189］Milne，M. J.，2002，"Positive Accounting Theory，Political Costs and Social Disclosure Analyses: A Critical Look"，*Critical Perspectives on Accounting*，2.

［190］Mork，1988，"Book-review Damming the Delaware: The Rise and Fall of Tocks Island Dam"，*The Public Historian*，4.

［191］Ng，A. Y.，2006，" Public Accountability and Performance Auditing in Government"，*Journal of Modern Accounting and Auditing*，04(15).

［192］Pamungkas，B.，Avrian，C.，Ibtida，R.，2019，"Factors Influencing Audit Findings of the Indonesian District Governments Financial Statements"，*Cogent Business & amp*，*Management*，1.

［193］Patzelt，2015，"The 'Heart' of Entrepreneurship: The Impact of Entrepreneurial Action on Health and Health on Entrepreneurial Action"，*Journal of Business Venturing Insights*，18.

［194］Paulsson，2012，"he Role of Management Accountants in New Public Management"，*Financial Accountability & Management*，28(4).

［195］Petrenko 等:《中国和俄罗斯经济型酒店行业创新管理比较分析》，哈尔滨工业大学，2002 年。

［196］Porter，2015，"In Search of Hidden Treasure: Finding Funds for Building Upgrades"，*Corporate Real Estate Journal*，11.

［197］Porter:《担负正确的责任》,《现代企业文化(上旬)》2014 年第 12 期。

［198］Poter, M. E., and M. R. Kramer, 2012 "Strategy and Society: the Relationship between Competitive Advantage and Corporate Social Responsibility", *Harvard Business Review*, 1.

［199］Rajat, Deb. 2018, "Financial Audit or Forensic Audit? Government Sector Panorama", *Indian Journal of Corporate Governance*, 11(02).

［200］Reza, S., 2022, "Investigating the Impact of Some Corporate Governance Mechanisms on Risk Reporting ", *Asian Journal of Research in Banking and Finance*, 6.

［201］Rowley, 1976, "Responsibilities of Faculty in Accountability", *NLNPublications*, 11.

［202］Souness. R., 2000, "HACCP in Australian Food Control", *Food Control*, 11(05).

［203］Spence, M., 1974, "Recruitment of Problem Drinkers", *The British Journal of Psychiatry*, 12.

［204］Strauss, A. L., 1987, *Qualitative Analysis for Social Scientists*, Cambridge University Press.

［205］Thollander, P., R. Dotzauer, 2010, "Erik Dotzauer An Energy Efficiency Program for Swedish Industrial Small—and Medium-sized Enterprises", *Journal of Cleaner Production*, 18(13).

［206］Tu, J., 2020, "Does Government Audit Intervention Improve the Quality of Internal Control of Central Enterprises?", *Scientific Journal of Economics and Management Research*, 93.

［207］Tullock, 1967, "Comment on Roads, Bridges, Sunlight and Private Property" by Walter Block & Matthew Block", *Journalde Economistes et des Etudes Humaines*, 14.

［208］Wang, X., Q. Cai, Q. Wang, 2009, "An Analysis of the Stock Market's Reaction of Equity Division Reform with the Empirical Evidence from Chinese Stock Market ", *Enternational Journal of Business and Management*, 22.

［209］William H. M., 1994, "Econmics And Origanizational Innovation", *Contemporary Economic Policy*, 8.

［210］Wu, X., Q. Cao, X. Tan, L. Li, 2020, "The Effect of Audit of Outgoing Leading Officials Natural Resource Accountability on Environmental Governance: Evidence from China", *Managerial Auditing Journal*, 35(9).

[211] Xia, Q., K. Gao, K. Wang. 2018, "A Study on the Role of Government Audit in Promoting the Growth of Central Enterprises", *Journal of Finance and Accounting*, 6(5).

[212] Xian, Y., Fonarow, G. C., Reeves, M. J., Webb, L. E., Blevins, J., Demyanenko, V. S., et al., 2012, "Data Qualityin the American Heart Association Get With The Guidelines-Stroke (GWTG-Stroke): Results from a National Data Validation Audit", *American Heart Journal*, 163(3).

[213] Zhou, Y., 2007, "Development of Government Auditing in Public Finance Frame and Perfect of Government Accountanting", *A Journal of Modern Accounting and Auditing*, 3(5).

[214] Zou, G., J. Li, H. Zhao, Y. Xin, Y. Sun, 2021, "Research on the Status Quo of Big Data Government Auditing—Taking Province A of China as an Example", *Journal of Social Science and Humanities*, 5.

图书在版编目(CIP)数据

政府审计介入与国有上市企业若干问题研究 / 王如
燕编著. — 上海 ：格致出版社 ：上海人民出版社，
2024.7
ISBN 978 - 7 - 5432 - 3576 - 2

Ⅰ. ①政… Ⅱ. ①王… Ⅲ. ①政府审计-作用-上市
公司-国有企业-企业创新-研究-中国②政府审计-作
用-企业责任-社会责任-信息管理-研究-中国 Ⅳ.
①F239.44②F279.241③F279.23

中国国家版本馆 CIP 数据核字(2024)第 099875 号

责任编辑 王浩淼
装帧设计 路　静

政府审计介入与国有上市企业若干问题研究
王如燕 编著

出　　版　格致出版社
　　　　　上海人民出版社
　　　　　(201101　上海市闵行区号景路 159 弄 C 座)
发　　行　上海人民出版社发行中心
印　　刷　商务印书馆上海印刷有限公司
开　　本　720×1000　1/16
印　　张　13
插　　页　2
字　　数　165,000
版　　次　2024 年 7 月第 1 版
印　　次　2024 年 7 月第 1 次印刷
ISBN 978 - 7 - 5432 - 3576 - 2/F · 1580
定　　价　59.00 元